El Misterio del Salto Temporal (ADVENTURE)

Alisha Mareno

Contenido

Capítulo 1

Kakashi se rascó la cabeza mientras caminaba con tres de sus antiguos alumnos, el único equipo que pudo pasar sus estrictos estándares como Shinobi. Actualmente, se dirigían a los campos de entrenamiento para una capacitación muy necesaria. Bueno, los más jóvenes harán la mayor parte del entrenamiento porque planeaba leer su nuevo libro Icha-Icha. Lo compró ayer por el que Hinata le dio, estaba guardado de manera segura dentro de su cajón, el cajón con sus boxers por si acaso, porque no planeaba leerlo pronto.

Fue tan molesto porque fue como un recordatorio de las cosas que quería olvidar.

O tal vez podría saltarse la lectura durante unas horas y tomar una siesta. Estaba tan cansado y no había dormido bien desde esa noche predestinada cuando... perdió el control y casi...

Olvídalo.

Nunca vio a Hinata después de eso. Tuvo éxito en evitar cualquier lugar que sabía que a ella generalmente le gusta el mercado, el campo de entrenamiento trece o el hospital. Escuchó de Sakura que ella era voluntaria allí. Tal vez también ayudó que ella también lo estuviera evitando.

Sabía que era un idiota al desaparecer como un humo de ella esa noche, pero estaba tan confundido y tan... excitado que temía que solo un contacto físico más.m. solo un simple toque de su piel, pudiera romper la más mínima cordura que era dejado en su cerebro y la llevaría allí mismo, en esa calle oscura, sin importarle que alguien pudiera escucharla o verla.

Por supuesto, cuando regresó a casa esa noche, la sensación de excitación se convirtió en un dolor irritante que no tiene más remedio que tomar una ducha fría para calmar su cuerpo caliente. Demonios... si Hinata supiera lo que ella también le estaba haciendo físicamente.

Ella era una droga potente.

Kakashi salió de sus pensamientos cuando sintió unos ojos desconocidos aburridos en su espalda. Podía sentir un aura extraña desde atrás, así que inclinó la cabeza y vio que Sasuke lo miraba con sus oscuros ojos de ónix. Su labio inferior estaba curvado en una sonrisa débil y algo astuta.

Fue espantoso.

"¿Algo está mal Sasuke-kun?" Preguntó, enmascarando su tenso rostro con una sonrisa.

Naruto y Sakura se detuvieron cuando escucharon a su sensei preguntarle a Sasuke, ambos volvieron la cabeza para mirar al silencioso Uchiha. Siendo el más ruidoso, Naruto se rió y le dio una palmada en la espalda a su mejor amigo. "No te molestes en preguntarle, Kakashi-sensei. Todo está mal en la percepción de Sasuke."

Sakura frunció el ceño. "¡Naruto baka!"

"Solo digo la verdad y-"

"Quiero salir con alguien." Dijo Sasuke tan repentinamente y de la nada que todos se callaron. La boca de

Naruto se aflojó como la de Sakura, mientras Kakashi se rascaba la barbilla en la contemplación.

Curiosamente, Naruto fue quien se recuperó primero. "¿Qué demonios te pasa?" Gritó, agarró el collar de Sasuke y lo atrajo más cerca para mirarlo a los ojos. "¿Estas borracho?" No hay manera de que Sasuke diga eso en un estado sobrio. "¿Bebiste alcohol? ¿Estás enfermo?"

"De ninguna manera..." Sakura se cubrió la boca. "¿Quién es ese alguien?" Inconscientemente, se encontró esperando que fuera ella... que Sasuke iba a decir: Quiero salir contigo Sakura... o me gustas Sakura.

Pero, ¿y si iba a salir con Ino-cerda?

Diablos no

"Oh..." Kakashi era el único que miraba toda la situación desde un punto de vista más maduro y positivo. Finalmente, Sasuke estaba actuando como un adulto joven normal y no como un maníaco sediento de sangre llevando la venganza de su clan maldito. Kakashi se dijo a sí mismo que incluso si era sorprendente, la decisión de Sasuke fue un buen cambio. "Eso es bueno. Te apoyaré con eso."

"Sasuke está borracho." Naruto se cruzó de brazos después de dejar ir a su mejor amigo. "Esa es la única excusa razonable."

Kakashi se rio. "Naruto... es bastante normal que a Sasuke le guste y salga con alguien porque ya tiene dieciocho años y-

"Quiero salir con Hyuga Hinata." Declaró Sasuke. "Quiero salir con la heredera del clan Hyuga."

Hinata suspiró mientras veía a Shino y Kiba entrenar y trabajar en sus habilidades de taijutsu. No estaba de humor para moverse por el campo de entrenamiento, por lo que decidió sentarse en el césped y acompañar a Akamaru. El gigante Ninken estaba durmiendo tranquilamente a su lado, su cabeza de furia gigante descansando en su regazo.

Mientras le rascaba distraídamente las orejas del perro, cerró los ojos para alejar la somnolencia. No pudo dormir tranquila las últimas noches porque cada vez que cierra los ojos, todo lo que podía ver era la cara de Kakashi...

Sus ojos desiguales...

Sus labios...

Estaba jugando al tirar y afloja con ella otra vez y la estaba llevando al borde de la locura. Kakashi puede ser un hombre adulto pero parece tener muchos problemas en comparación con ella. Al principio pensó que la diferencia de edad era el único problema aquí, pero estaba equivocada. La forma en que Kakashi actuó, tenía mucho más que una simple diferencia de edad.

Hinata realmente deseaba que él le dijera cuál era este problema para que ella pudiera decirle que no le importaba.

Cuando la besó esa noche, ella podía sentir que estaba ocultando algo... se estaba conteniendo y eso le hizo darse cuenta de que ella no era la única que estaba sufriendo aquí.

Ambos lo estan.

Un fuerte ruido que se podía comparar con un fuerte trueno interrumpió sus pensamientos. En el campo de entrenamiento, sus compañeros masculinos dejaron de entrenar y miraron al cielo, donde se formaba una espesa nube de humo negro. Obviamente, vino de una explosión y, a juzgar por el sonido, debe estar cerca del campo de entrenamiento siete.

"¡Vamos a ver!" Gritó Kiba, agitando sus manos frenéticamente.

Con mucha prisa, corrieron al campo de entrenamiento. Siendo el más rápido, Kiba estaba a la cabeza con Akamaru a su lado. Hinata por otro lado estaba en la parte trasera del grupo de corredores. Puede ser porque sigue buscando en todos los campos de entrenamiento con la esperanza de poder ver el cabello plateado.

Incluso solo un vistazo.

"Mierda." Kiba señaló un claro y otros pares de ojos lo siguieron. "Esa es una lucha intensa."

En dicho claro, Uchiha Sasuke se levantó del suelo. Kakashi estaba parado a solo un brazo de él. Había suciedad y hollín en la cara del Uchiha y su manga estaba hecha jirones. Sin embargo, estaba sonriendo, así que debe estar disfrutando de su lamentable estado. A pocos metros de distancia de los dos, Naruto y Sakura miraban boquiabiertos.

Hinata miró al Copy Nin justo a tiempo para que desapareciera en una nube de humo.

Lo siguiente que supo fue que Shino la tomó de la mano y la empujaron hacia donde permanecían los otros dos del equipo siete, luciendo tan sorprendidos como ellos. Kiba, quien de repente estaba hiperactivo, agarró los hombros de Naruto. "¡Eso fue increíble! ¡Kakashi-sensei siempre los entrena a todos de esa manera? ¡No es de extrañar que sean fuertes!"

Naruto parpadeó, y por primera vez sin palabras... pero cuando comenzó a hablar, no podía ser detenido. "A h... realmente no sé qué pasó porque bueno... sucedió muy rápido. Sasuke repentinamente estaba golpeando la pubertad de nuevo y haciendo todas esas preguntas de citas, fue extraño. Entonces Kakashi le preguntó a Sasuke si quería un combate... pero cuando comenzaron. Realmente parecía que se iban a matar el uno al otro... y luego Sasuke parece que lo estaba disfrutando, pero Kakashi parece que realmente iba a matar, pero luego... "

"¡Whoa!" Kiba cubrió la boca de Naruto. "Disminuye la velocidad, no puedo entender nada."

Hinata observó mientras Sasuke caminaba hacia ellos, sus ojos aún brillaban por su excitación entretenida. Naruto tenía razón. Parece que Sasuke estaba realmente feliz por eso, lo cual era raro... y extraño.

La cara del Uchiha estaba manchada de polvo pero no parece importarle. Fue entonces cuando Hinata notó que la médico Haruno la estaba mirando. "Así que aquí está Sasuke." Sakura agitó las manos en dirección a Hinata, la cara tensa mientras trataba de sonreír. "Hinata en toda su espléndida gloria Hyuga."

Kiba frunció el ceño. "¿Qué pasa con el tono de Sakura?"

Shino asintió levemente, girando lentamente la cabeza para mirar a Sasuke. Estaba parado allí, a un metro de ellos, silencioso y observador. Lo que llamó su atención fue que estaba mirando a Hinata con una mirada divertida. Era como si la encontrara... interesante. Arrastrándose ligeramente, dio un paso sutil hacia adelante, cubriendo a Hinata de los ojos del Uchiha.

A Shino no le gusta.

Sasuke nunca supo que Kakashi era celoso. Todo fue muy divertido de ver. Demonios... incluso ahora tiene su boleto personal para intensas sesiones de combate con el Copy Nin y no esas prácticas tontas de robo de campanas que Kakashi siempre los obligaba a hacer. Cuando estaba entrenando antes, incluso se dio cuenta de que el sensei Jounin no se estaba reteniendo.

Mantuvo su porno dentro de su bolsillo, así que eso también fue algo bueno. No... fue increíble.

Mirando a Hyuga Hinata ahora, nunca habría sospechado que algo estaba pasando entre ella y su perezosa excusa de maestro. Era tan... extraño. La niña era muy tímida y generalmente callada. Ella era una de esos tipo de dos zapatos. ¿Quién hubiera pensado que a ella le gustaban los hombres mayores?

Y Kakashi ahora, es un asunto diferente. El Copy Nin fue inútil al tratar con su lado romántico. En realidad eran bastante parecidos, o al principio pensó. Kakashi es uno de esos tipos que enfrentará una misión suicida que enfrentarse a una multitud de chicas fanáticas con hormonas furiosas.

Pero estudiando a Hinata ahora, Sasuke reflexionó que ella no era del tipo para ser una chica fan. Ella tiene esa mirada amable en sus ojos y ese hábito tartamudo también.

No... definitivamente no es una chica fan.

Esa noche, cuando los vio besándose, estaba de camino a su departamento cuando los vio en el callejón. Al principio, nunca pensó que era Kakashi, tenía la máscara puesta. Habría seguido su feliz camino si no hubiera escuchado a Hinata llamando a Kakashi.

Cuando se detuvo y miró más de cerca, vio con un golpe de sorpresa que su maestro era más guapo que él, lo que por cierto lo molestaba mucho, pero no tanto como saber que Kakashi le estaba mostrando la cara a la Hyuga cuando él y el resto del equipo siete ha estado haciendo todo lo posible por echar un vistazo.

Y pensó que Kakashi tiene un diente de conejo o algo más emocionante.

Por esa razón principalmente, decidió meterse con su sensei por un momento. Quizás venganza era la palabra correcta. Sasuke quería ver cómo Kakashi aguantaría mientras pensaba que él, Uchiha Sasuke... estaba detrás de su pequeña Hinata.

Tsunade suspiró y dejó caer el libro que pertenecía al Cuarto Hokage dentro de su cajón. Volteó sus manos perezosas para formar unos sellos de mano simples, golpeó y empujó el dicho cajón cerrado. Eso debería dar seguridad al libro. Ella ha estado leyendo algunos relatos del cuarto y su mente continuó a la deriva hacia el viaje en el tiempo con la Hyuga.

Maldición... realmente la hicieron esperar.

Y el cielo sabe que odia esperar.

Justo cuando estaba a punto de sacar una botella con su sake reservado, Shizuke entró con una caja de papeles en los brazos. La Hokage dejó caer la botella con irritación mientras escrutaba a la sobrina de Dan con sus ojos agudos.

"¡Tienes muchos papeles que vienen Tsunade-shizou!" Shizune gimió y estrelló la caja de aspecto pesado sobre el escritorio de Tsunade. "Aquí están los informes de entrega de Konoha... oficios de madera... facturas... tus deudas de juego... informes de salario de Shinobi..." Ella continuó recitando y Tsunade se encogió.

"Pensé que teníamos empleados de contabilidad para eso." Tsunade apretó los dientes. Solo mirar el montón de trabajo alucinante la hacía querer vomitar. ¡Ella era la quinta maldita Hokage por amor de Dios! Ella tiene muchas cosas importantes que hacer que organizar el papeleo como un contador.

Shizune la mordió por la mejilla. "Uhm... nuestros empleados de cuentas están ocupados en este momento. Todos están enfocados en el comercio con Suna. Tenemos muchos suministros que se entregan de un lado a otro, así que lo están observando cuidadosamente... sin mencionar que todavía estamos haciendo la contabilidad para los productos de reemplazo de Kumo."

Tsunade se dejó caer en su silla. "Hazlo tu."

Shizune parecía horrorizado. "Tengo el deber de hospital Shizou!"

"Mierda." La rubia murmuró mientras sacaba una lista de nombres de ninjas que no están en una misión. "Esto requiere una emergencia entonces." Golpeando sus uñas sobre la mesa, su rostro se iluminó de repente cuando sus ojos se posaron en el nombre de Hyuga Hinata. ¡Esto es perfecto! Esto debería estar golpeando dos pájaros de un tiro. "Quiero que convoques a Hinata Hyuga y le digas que mañana debe hacer el papeleo."

"Hinata-chan es confiable." Shizune estuvo de acuerdo. "Muy amable y educado también."

"Y Kakashi Hatake."

Ante eso, Shizune sacudió la cabeza. "Tsunade-Shizou... Kakashi-san es... uhm... no es realmente bueno para trabajos como este." Hatake Kakashi era un hábil Shinobi, sí, pero el hombre era extremadamente vago cuando se trata de papeles. Recordó que una vez, cuando fue asignada con él para organizar los documentos de solicitud para Chunins y todo lo que hizo fue arruinarlo.

Kakashi no fue de ayuda.

"No. Tendrá que hacerlo."

"Pero-"

Tsunade dejó caer el papel y sonrió, una sonrisa maliciosa que hizo que la otra mujer retrocediera un paso. Tsunade estaba actuando raro y era simplemente aterrador. La última vez que la rubia sonrió así fue cuando vio a Jaraiya espiando en el baño público de mujeres.

El sapo sannin casi muere ese día.

"Dime Shizune... aparte de Jaraiya. ¿Quién es el próximo coqueteador más grande de la aldea?"

Ahora esa era una pregunta extraña. Shizune le habría preguntado a Tsunade si estaba borracha o drogada cuando la puerta se abrió y entró Genma, con senbon en la boca y las manos detrás del cuello. Tsunade frunció el ceño al intruso, pero el élite Shinobi se encogió de hombros y sonrió.

"¿Alguna vez escuchaste de la palabra tocar?"

"¿Jugando favoritismo aquí Tsunade-sama?" Genma preguntó, deteniéndose en su recepción. "Escuché que Kakashi puede entrar y salir a la oficina sin la cortesía de tocar."

"No. Estoy planeando golpear tus dos cabezas." Tsunade respondió sombríamente, sin rastro de broma allí. "¿Qué quieres Genma? Estoy a punto de discutir algo muy importante con Shizune."

"Solo un informe de mi última misión." Sacó una carpeta enrollada del interior de su chaleco antibalas que estaba descomprimido. Luego lo arrojó sobre la caja llena de papeles. "Está bien... he terminado aquí." Se giró hacia Shizune y le guiñó un ojo. "Te veo por ahí pequeña enfermera."

"No soy enfermera. Soy médica. Es diferente."

Una sonrisa calculada apareció en los labios de Tsunade. "Ahí está mi coqueteo." Las palabras se dijeron suavemente, pero Shizune lo escuchó. La mujer de cabello oscuro palideció al darse cuenta de que la princesa babosa estaba tramando algo... y si Tsunade estaba tramando algo, era muy útil o muy destructivo. Y en este momento, Shizune estaba apostando por lo último. "Genma... espera." El hombre se detuvo antes de que lograra poner un pie fuera de la oficina. "Detente por un segundo allí."

Genma se dio la vuelta con las cejas arqueadas. "¿Hai, Hokage-sama?"

"¿Puedes ir a buscar a Hyuga Hinata? Los pondré a ustedes dos en el papeleo mañana."

Genma se rascó la nuca al recordar a la hija de Hiashi, la que lo atrapó en acción hace unas noches. Es muy joven y huele muy bien también... realmente bien porque le recuerda a las flores. Es bueno saber que Tsunade lo estaba asignando con una compañera más joven esta vez y no con Aoba o Raidou. Se estaba cansando de estar con esos dos todo el tiempo.

Pero aún así, el trabajo de papeleo significa el infierno.

Demonios, maldita sea. "Uh... ¿eso es una petición?" Preguntó esperanzado, el senbon en su boca moviéndose mientras hablaba. En el momento en que Tsunade sonrió; Genma sabía que lo que esperaba era demasiado bueno para ser verdad. Ahora estaba realmente arrepintiéndose de irrumpir dentro de la oficina.

Tal vez Tsunade solo estaba volviéndose hacia él por eso.

"Es una orden Genma."

"Maldita sea."

"No te preocupes... estoy asignando a otra tercera persona para que les ayude." Tsunade dijo con otra de sus astutas sonrisas. "Vamos, lo agregaré a tu registro... y me aseguraré de que sea bueno."

Hinata colocó suavemente el ramo de rosas rojas y girasoles amarillos sobre las dos tumbas idénticas cerca del monumento del héroe. Su elección de flores puede ser extraña: ¿rosas y girasoles? Algunos pueden encogerse ante la falta de sentido del arreglo floral.

Desconocido para cualquiera, tiene un significado que aprecia mucho para su corazón... después de todo, los colores representan el destello amarillo y el jalapeño rojo. Mirando las tumbas de Minato y Kushina, Hinata no pudo evitar sentirse triste. Hacerla recordar sobre su pasado en el tiempo también tiene su caída en su opinión, porque no solo dónde estaban los recuerdos, sino también las emociones que los acompañaban.

Y en este momento, echaba de menos a la pelirroja de boca ruidosa y al Yondaime gentil pero brillante como el sol.

"Minato-san... Kushina-Nee." Ella murmuró. "Tus sueños están siendo vividos por tu hijo, ya sabes... Creció para ser una persona agradable, feliz y fuerte... y prometo cuidarlo y ayudarlo siempre que pueda." Respirando hondo, cerró los ojos y murmuró una suave oración de gratitud y paz. Se habría quedado más tiempo en su posición si alguien no apareciera por detrás.

Hinata se sonrojó alarmantemente cuando vio que era Genma. Todavía no se ha recuperado de lo que vio en ese callejón oscuro todavía, y mirándolo ahora, imágenes de la mano de la mujer dentro de su...

"¿Visitas la tumba del Cuarto?" Genma preguntó.

"Solo... solo poniendo flores para los grandes héroes de Konoha." Ella respondió, mirando hacia abajo mientras trataba de despejar su mente de pensamientos perturbadores.

"Oh... ¿entonces los admiraste?"

"Hai... son buenos modelos a seguir, ¿no te parece?"

"Sí." Por un momento, los ojos de Genma se alejaron y se desenfocaron. Hinata supuso que el ninja de élite estaba recordando algunos buenos recuerdos como ella. "Fui uno de los guardias del Cuarto, ya sabes... y para mí, Minato-sensei fue uno de los mejores líderes que Konoha haya tenido." Se rio entre dientes. "Soy parcial, lo sé, pero él fue perfecto para el trabajo."

Hinata sonrió cuando una imagen del padre de Naruto entró en su cabeza. Ella está de acuerdo, pero sabía que sonaría extraño si lo expresaba. Metiendo unos mechones sueltos de cabello azul detrás de la oreja, alcanzó el ramo de flores que trajo por última vez antes de enderezarse.

"¿Recibiste el mensaje sobre el papeleo?" Genma preguntó.

"Hai"

"Por cierto, soy tu compañero de trabajo." Dijo el mayor Jounin. "En realidad te estoy buscando para que podamos comenzar temprano. Tsunade dijo que tienes las llaves de su cuarto de contabilidad."

"¡Oh!" La mano de Hinata se disparó a su bolsillo donde estaban las llaves. Tsunade se la entregó ayer para que la guardara cuando la convocaron sobre el deber de papeleo. Recordó a la tetona sanin diciéndole que iba a tener algunas manos para ayudarla, pero no mencionó ningún nombre. En realidad esperaba que esas 'manos de ayuda' fueran mujeres... y no un nin mayor.

Sin mencionar que dicho nin tiene la costumbre de acechar en callejones oscuros mientras besa y toca partes del cuerpo.

Genma tomó su silencio como una oposición por su parte. La niña se veía incómoda e incómoda. "Aún es tas... uhm... ¿pensando en esa noche?"

Ella negó con la cabeza en negación. "Shiranui-san..."

"Está bien, lo entiendo." Genma se encogió de hombros. "Contamine un poco la inocencia de tus ojos esa noche.

Pero no te preocupes... no voy a hacer nada." Su dedo índice señaló hacia adelante y hacia atrás entre ellos y otra de esas astutas sonrisas apareció en sus labios. "No soy así... sin consentimiento."

Kakashi se rascó el cabello plateado cuando se dio cuenta de que tenía dos horas de retraso para su trabajo de hoy. Tsunade-bruja-sama lo asignó sin piedad a la tarea de papeleo, que en su opinión era peor que enfrentarse a diez ninja enemigos al mismo tiempo.

¿El papeleo funciona contra diez nins?

Con gusto iría a bucear con los ninjas enemigos.

Mientras seguía el rastro que conduce al edificio de contabilidad, se preguntó si podría usar un clon como representante de su verdadero yo. Su clon podría hacer todo el trabajo mientras puede pasar el resto de su día libre, leyendo su volumen Icha-Icha favorito que lo ayudaría a desviar su mente de los pensamientos destructivos.

Como el hecho de que Uchiha Sasuke quiere salir con Hinata.

No estaba tratando de interferir, solo para aclarar las cosas por cierto, ya que solo quería ayudar a Sasuke a darse cuenta de que Hinata no era su tipo... no era su tipo en absoluto.

Sasuke es demasiado violento... Hinata demasiado gentil. Él ama el lado más sangriento y oscuro de las cosas, mientras que ella ama la luz y, si es posible, nada de sangre. Era demasiado imposible. Sus personalidades seguramente chocarían. Sasuke debería meter la nariz en chicas como Yamanaka Ino o Sakura, chicas atrevidas y ruidosas que lo harían sentir más... cómodo.

Sí. Como profesor preocupado y superior, solo estaba tratando de ayudar.

Cuando llegó al edificio de su destino, para su disgusto, miró a la ventana abierta del segundo piso con un ojo vago. Todos esperarían que él usara la entrada adecuada para el edificio también era media biblioteca y sala de archivo; todos, incluso los ninjas de alto rango como él, debían usar la puerta.

Pero como señal de su espíritu rebelde por las órdenes injustas de Tsunade, decidió usar la ventana.

Sin mucho esfuerzo, sus resistentes sandalias patearon el duro suelo y saltó directamente a la ventana. Su mano derecha atrapó una barandilla de metal y la usó para soportar su peso mientras se levantaba con facilidad. Cuando sus pies tocaron el piso de madera, fue justo a tiempo para que él escuchara una suave risita de chica.

Una risita muy familiar.

Con la cabeza hacia un lado, vio a dos personas sentadas en el extremo derecho cerca de las estanterías y llenando los armarios. Era una mujer joven y un hombre no tan joven. Dicho hombre estaba sonriendo orgullosamente mientras movía el senbon en su boca con su lengua. Obviamente estaba diciendo algo que estaba impulsando su ego por la forma en que estaba expandiendo su pecho como un pez globo.

La chica, con un tinte rosado en sus mejillas, obviamente estaba nerviosa pero obviamente impresionada.

"¿Qué pasa con ella y el género opuesto en estos días?" Kakashi murmuró mientras sus ojos se entrecerraron inconscientemente. También fue en ese momento que los dos notaron su presencia.

"¿Perdido?" Genma preguntó, mirando al hombre de la máscara. No había forma de que Tsunade asignara a Kakashi este tipo de trabajo. "¿O una cubierta de emergencia?" A su lado, Hinata dejó caer una pila de papeles en el suelo, con los ojos en el recién llegado Copy Nin.

"Yo."

Capítulo 2

"Nunca pensé que Kakashi es un trabajador de dicado... bueno, él siempre está en misiones, pero ¿trabajos como este? Estoy impresionado." Dijo Genma mientras garabateaba algunas notas en un pequeño cuaderno que se les proporcionó a los tres. Estaba trabajando con la heredera Hyuga en la misma mesa mientras Kakashi estaba solo en un escritorio en el extremo más alejado de la habitación.

Bueno, dicho escritorio había estado más a la derecha cuando entraron por primera vez, pero extrañamente, la mesa se acerca cada vez más a su lugar de trabajo. El ocupante, que era el Copy Nin, estaba haciendo una impresionante demostración de velocidad al hacer su trabajo de contabilidad. La última vez que Genma revisó, Kakashi ya tenía la mitad de su cuaderno lleno de sus propios garabatos.

Por otro lado, la Hyuga a su lado también estaba ocupada en su trabajo. Raramente mira hacia arriba, y cada vez que lo hace, solo fue si él la estaba involucrando en una conversación y ella necesita responder. Era diferente antes de que Kakashi entrara a la habitación hace casi tres horas... porque era menos tímida y reservada en comparación con ahora.

Bueno... tal vez solo esta intimidada con el Copy Nin. La presencia de Kakashi a veces hace eso. "Hmm... tú también trabajas rápido." El lo notó.

"A-Arigatou."

Genma sonrió, el senbon casi permanente en sus labios moviéndose. "¿Eres realmente linda, sabes? ¿Todo ese rubor y timidez? Es tan adorable que podría..."

Una tapa del bolígrafo golpeó a Genma en la cabeza.

Genma parpadeó, y también Hinata. Se miraron por un momento en asombrada contemplación. Lentamente, la cabeza de Genma giró para enfrentar al ninja enmascarado aparentemente ajeno que estaba ocupado en su propia pila de papeles a unos metros de distancia. Tomó la tapa del bolígrafo que aterrizó en su mesa de trabajo y la levantó con los dedos. "¿Me acabas de pegar con esto?"

Kakashi levantó lentamente la cara. "¿Por qué a mi?"

Con solo mirar su rostro demasiado inocente, Hinata supo que era él. Casi sacudió la cabeza cuando el Hatake miró el bolígrafo en su mano y fingió sorpresa. "Ooops... tal vez escribí mis números demasiado rápido y la tapa se fue sin ser notada. Lo siento Genma."

Genma no parecía convencido. Dicha tapa cayó demasiado fuerte para que él creyera en las palabras de Kakashi. Con el ceño fruncido, le dirigió a Kakashi una mirada que sugiere que no estaba convencido, pero estaba dispuesto a dejarlo ir. "Bien... pero no quiero que un bolígrafo me golpee la cabeza la próxima vez o este senbon encontrará un lugar para dejar una marca, Kakashi." Realmente no tiene la intención de emitir una advertencia, pero Kakashi solo estaba actuando... extraño.

¿Y esa mesa se movió un pie más cerca?

"Sí, sí." Kakashi respondió, todavía ocupado en su papeleo.

Con un suspiro, Hinata tomó su pila de trabajos de papel terminados para colocarlos cuidadosamente en una nueva caja. Genma tiene unas pocas pilas suyas, así que las tomó con una ligera sonrisa. Quedaban unos cuantos más en esa vieja caja cerca del lado de la habitación de Kakashi, así que en silencio caminó hacia ella. Inclinándose sobre la caja, apartó algunos mechones de cabello azul de su cara.

Hinata tuvo cuidado de no mirar en su dirección por temor a que volviera a desaparecer en una nube de humo. Kakashi tiene la tendencia a desaparecer como una burbuja cada vez que están demasiado cerca para su gusto. Ella no quiere eso... a pesar de que no estaban hablando y fingían que eran extraños, prefería elegir verlo a evitarlo por completo.

Sus actos de desaparición en realidad duelen.

Mientras acumulaba los papeles restantes, se puso rígida cuando escuchó que la silla de Kakashi era empujada hacia atrás. El sonido de sus pasos caminando hacia donde estaba ella hizo que su corazón saltara a su garganta. Lo siguiente que supo fue que Kakashi estaba a su lado, fingiendo reunir papeles nuevos.

Ella decidió quedarse callada.

Con un suspiro tembloroso, estaba a punto de sacar sus manos de la caja cuando las manos enguantadas las atraparon, sujetándolas con un agarre que no era fuerte pero también firme. Cuando levantó los ojos para mirarlo a la cara, casi apretó los dientes cuando no fue más que impasible. Su ojo seguía siendo el mismo... su mandíbula...

Luego le apretó las manos.

Y la solto.

Hinata nunca supo el verdadero significado de la frustración hasta ahora. Mientras lo veía regresar a su escritorio, le dirigió una mirada incrédula... o más probablemente de desafío. Ella realmente quería gritarle en este momento para que se decidirse y terminar con esto... y no de esta manera.

Así no.

Se sentía más como una marioneta ahora, una marioneta que solo funcionaba por las cuerdas, regresó a la mesa que compartía con los Shiranui. Genma vio su expresión y él levantó una ceja. "¿Estás bien Hyuga-san?"

Hinata bajó la cara. "H-hai."

"Debes estar aburrida de todo esto." Hizo un gesto a la pila de papeles sin hacer.

Hinata miró a Kakashi y sus ojos se endurecieron. "Estoy aburrido de todo esto." Cuando se dio cuenta de que su tono había cambiado, terminó la respuesta con una leve risa. "¿N-no lo estamos todos?"

Genma estuvo de acuerdo. "Pero Tsunade no tenía prisa. Ni siquiera nos dio una fecha límite." Estirándose de su silla, se puso de pie. "¿Por qué no almorzamos primero? Estoy hambriento." Miró a Kakashi. "Hey hombre enmascarado... ¿vamos a comer algo?"

Kakashi sacudió la cabeza. "Pasaré."

"Entonces seremos tú y yo, Hyuga-chan."

Hinata también negó con la cabeza. "Yo también pasaré Shiranui-san. No tengo hambre... además, solo quedan unos pocos papeles y ya terminamos con todo esto."

Genma se rascó la barbilla mientras reflexionaba cuál era más importante; almorzar con una chica guapa o dejarla terminar los trabajos de papel para que terminen.

Los trabajos en papel ganaron un deslizamiento de tierra. "Bien"

"Te veré por ahí... Genma-san." Hinata sonrió.

"Espero con ansias eso... pero espero que no en ese callejón oscuro como la última vez." Genma se rio y le guiñó un ojo. Ella se rió un poco en respuesta mientras lo veía saltar por la ventana de una manera elegante que estaba segura de que coincidiría con el Hatake.

Cuando estuvieron solos, ella inclinó la cabeza hacia un lado y observó al hombre mayor, que todavía fingía estar ocupado, y frunció el ceño. "¿P-por qué me estás evitando?" Preguntó después de reunir su coraje para hablar. "Y... ¿por qué desapareciste ante mí como... humo?"

"No hago." Kakashi dejó caer la pluma. "¿Qué pasó contigo y Genma en un callejón oscuro por cierto? Tengo curiosidad."

"No es importante... Kakashi-sensei." Hinata se recostó en su silla y comenzó a organizar los archivos dispersos.

Ella estaba haciendo todo lo posible para actuar neutral, en caso de que las defensas de Kakashi se dispararan y él fuera a desaparecer de ella nuevamente. En verdad, tenía mucha hambre, pero decidió no preocuparse por las lentas y gruñonas protestas de su estómago. Esta es una buena oportunidad para hablar con el Copy Nin y la gente rara vez entra en esta sala, locales o ninjas.

"Ah" Kakashi continuó garabateando en su cuaderno.

"... Simplemente implicó toques y... besos." De acuerdo... ahora Hinata sabía que solo estaba tratando de provocarlo. Ella solo quería que él hablara... para que pudiera plantear el asunto que preocupaba por ellos. Cuando levantó la vista de nuevo, vio que el bolígrafo en la mano de Kakashi se partió en dos.

Era una señal de retroceder un paso. Ella no quiere que Genma esté en problemas con lo que dijo. "Es solo... Shiranui-san. Lo vi con una m-mujer y... bueno, tal vez ella era su amante, no te hagas una idea equivocada."

"Genma no tiene amantes serios." Dijo Kakashi, dejando caer el bolígrafo ahora destruido sobre el escritorio. Echó la silla hacia atrás, se puso de pie y caminó hacia su lugar, evitando sus ojos en el proceso. Se detuvo cuando llegó al frente de su escritorio. Ella lo miraba con rasgos bien formados como él. "Quiero que tengas cuidado con él." Dijo, apoyando sus manos en la parte superior de la mesa y agachándose para mirarla. "Le encanta jugar."

"Y ti también, Kakashi-sensei."

Kakashi suspiró. "Hinata-chan... escúchame." Se rio sombríamente. "Soy un anciano... no quiero que te quedes atrapado con un anciano, ¿de acuerdo?... y no quiero que te sientas obligada con lo que sucedió entre nosotros en el pasado. Puedo... sonar y parecer un idiota para ti en este momento, y créeme, realmente me siento como un idiota, pero no quiero que te enfrentes a problemas que...

"¿No crees que tengo algo que decir al respecto... K-Kakashi-sensei? Es mi vida después de todo." Hinata apretó los puños. "Por favor... no me trates como una niña. Cumplí dieciocho años hace unos días y soy legalmente una adulta como tú..."

"No te estoy tratando como a una niña."

"¡Tú lo haces!" Su voz se elevó unas octavas.

"No lo hago."

"Si lo haces-"

Kakashi golpeó sus manos sobre el escritorio y ella mordió sus palabras. Parecía enojado y era raro verlo así. "No pienso en ti como una niña. Si lo hiciera... no... te tocaría como lo hice en ese departamento en Kali. No te tocaría y besaría como lo hice en ese callejón."

Hinata solo le devolvió la mirada.

"No entiendes, Hinata-chan. La brecha de edad es solo una cosa que debemos enfrentar si..."

"Estoy dispuesto a enfrentarlo." Dijo valientemente. "S-solo dame la oportunidad de probarlo."

Kakashi se rió de nuevo, sin humor, por supuesto. "Las palabras son más fáciles de decir que de hacer." La chica no sabe las cosas que se iba a enredar una vez que él este de acuerdo con lo que sea que estaba... proponiendo. Quería evitarla y actuar como si nada, pero parece que esas acciones fueron inútiles.

Él tiene que hacerla entender...

Ella tiene que entender.

Es joven... iba a recuperarse de esto y seguir adelante. A pesar de que tiene que admitir que no pudo evitar ser...

protector con ella, protector y no celoso, claro está, en términos de ella y el sexo opuesto.

Kakashi observó como la cara de Hinata se endurecía lentamente. Sus ojos blancos y gentiles se volvieron feroces con la determinación de que la vio poseída una vez. Fue hace unos años cuando aún tenía doce años... en esos exámenes de Chunin donde enfrentaba una pelea que sabía que no tenía posibilidades de ganar.

Todavía recordaba esos feroces ojos...

Para su sorpresa, Hinata también golpeó sus pálidas manos sobre el escritorio. "¡Bien!" Ella dijo. "¿Acciones sensei? Entonces las p-palabras son inútiles entre nos otros... ¿estoy en lo cierto?"

"Cierto." El acepto. Bueno. Parece que la estaba alcanzando. "Quiero que lo hagas... hey..." Dijo cuando dos manos agarraron el cuello de su chaleco. Fue un fuerte agarre y no tuvo tiempo para evitarlos. La chica lo tomó por sorpresa.

"Cierto." Hinata repitió mientras lo bajaba a la altura de su cara. Estaba asustada... realmente asustada, pero necesitaba mostrarle al Copy Nin que hablaba en serio. Realmente necesitan aclarar todo entre ellos de una vez por todas... pero primero; ella quiere que él supiera cómo se sentía realmente.

Y supongo que las palabras no fueron suficientes para él...

Entonces, antes de que su coraje pudiera abandonarla, presionó sus labios sobre su máscara, el lugar donde sabía que estarían sus labios. Cuando hizo contacto, se sorprendió al ver sus labios separados, en estado de shock. Cerrando los ojos, presionó más fuerte...

Con la esperanza de que no huiría como lo hizo la última vez.

Capítulo 3

Kushina observó a su esposo moverse por la cocina como un profesional. La pelirroja Uzumaki sabía que las mujeres siempre deberían estar a cargo de las tareas domésticas, pero era lo contrario dentro de su hogar. Minato es bueno en el trabajo de la casa y sus habilidades culinarias son excelentes.

Ella trató de cocinar para él una vez, pero se rindió cuando se cansó de la intoxicación alimentaria. Con un suspiro, ella apoyó la barbilla sobre sus manos mientras movía los dedos debajo de la mesa. Había cosas que ella no podía hacer...

Pero, ¿cómo podría Minato ser tan bueno en casi todo?

"Estás callada." Al Yondaime le pareció extraño que su generalmente ruidosa esposa lo mirara con sus hermosos ojos. "¿Te sientes bien?" Minato preguntó con una sonrisa, su hermoso rostro se iluminó con una hermosa sonrisa. "Me preocupo cada vez que no dices nada."

"Estoy pensando en algo." Ella sonrió, enamorándose de su marido más caliente que cualquier otro hombre, o hasta persona. Ella tuvo mucha suerte de atrapar a un hombre así. Aunque tuvo que pelear con muchas fanáticas, valió la pena. Suspirando soñadoramente, olfateó el aire. "¿Qué estás cocinando?"

"Tortillas y pescado saori."

"Mmm"

Minato sonrió ante el entusiasmo de su esposa. Sin embargo, después de unos momentos, la sonrisa desapareció para ser reemplazada por un ceño preocupado. El Yondaime miró la sartén frente a él llena de pescado hervido mientras recordaba a su estudiante restante. "He hecho algo de comida extra para Kakashi."

Kakashi no es su yo habitual en las últimas semanas. El joven Hatake ha estado un poco... frío y distante.

La sonrisa también desapareció de la cara de Kushina cuando escuchó a su esposo mencionar el nombre del Anbu. "Volvió a su antiguo yo otra vez... ese Kakashi sin emociones." Kushina levantó una mano y examinó su esmalte de uñas rojo. Ella estaba tratando de no parecer preocupada porque los médicos dijeron que es malo para el bebé dentro de ella En el fondo, sabía que estaba disimulando.

Estaba infernalmente preocupada por el estudiante de Minato.

"Sabía que no eran primos. Él no actuaría así si estuvieran relacionados. Sin embargo, una cosa que no puedo entender es por qué se fue de repente." Ella continuó. "Y ni siquiera me lo dijo cuando yo... la traté como mi propia hermana."

Los labios de Minato se formaron en una delgada línea. Kushina no sabía que Hinata regresó a su tiempo real. Todo lo que sabía era que la niña de repente se fue para volver con su "familia" en un pueblo lejano. Kushina todavía estaba de mal humor... era muy aficionada a la viajera del tiempo y le dolía no poder decir adiós.

Pero Kushina no conoce las circunstancias y es mejor si se dejaba así.

"Pobre Kakashi-kun." Kushina murmuró. "Ha perdido... mucho. Y cuando encontró a otra persona a la que aferrarse... ella lo dejó. Espero que encuentren la verdaad... ella fue su felicidad."

Hinata estaba empezando a sentir miedo.

Kakashi no estaba respondiendo y él se puso tan quieto que ella se preguntó si se desvanecería de nuevo y se reemplazaría con un clon de madera o algo por el estilo. Kakashi era inteligente de esa manera y si alguna vez lo hacía, no se sorprendería.

Herida sí, pero sorprendida? Absolutamente no. Lo había hecho varias veces en los últimos días para que ella se sintiera sorprendida.

Lentamente abriendo los ojos solo para comprobar si él todavía estaba allí, el verdadero Kakashi, jadeó un poco cuando se dio cuenta de que seguía siendo él y no un clon. Él no estaba respondiendo a su audaz movimiento porque su ojo visible la miraba con una intensa mirada. "Estás caminando en terrenos peligrosos aquí." Dijo y su voz era baja. No se molestó en romper el contacto que ella inició por primera vez.

Podía sentir sus labios moviéndose debajo de la máscara cuando habló.

Hinata apretó su agarre en su cuello y presionó sus labios con más fuerza, temerosa de que él la empujara o la alejara.

"Hinata" Sus palabras fueron amortiguadas. "Detente."

Continuaron así durante unos segundos, segundos que parecieron horas, hasta que sus hombros se desplomaron y sus manos aflojaron su collar. La tensión mental y emocional era demasiado. Agregue el acto insensible de Kakashi y ahora tiene una combinación increíble para un dolor desgarrador.

Con un suspiro tembloroso, lentamente retiró los labios de su máscara.

"Gomen..." Bajó la cabeza y cerró los ojos para evitar que las lágrimas cayeran. Una de las cosas más importantes que Hinata aprendió de su padre es que nunca debe mostrarle las lágrimas a una persona que no lo merece. Llorar está bien, siempre y cuando la razón valiera la pena, y en este momento, tiene la sensación de que Kakashi no merece sus lágrimas. "Yo... yo crucé la línea."

No hubo respuesta, por lo que sonrió con dolor. "Yo... no lo volveré a hacerlo, sensei. Lo prometo... simplemente no estoy pensando bien hoy."

"Hinata..."

"No." Ella sacudió la cabeza, no queriendo que él continuara. "Estoy bien."

Kakashi suspiró y presionó un nervio palpitante en la parte posterior de su oreja. Le dolía la cabeza de repente y se preguntó si traía consigo pastillas para aliviar el dolor. Sakura le dio algunos ayer y parece que es un buen momento para tener uno. "Lo siento."

Hinata continuó sacudiendo la cabeza. "No... solo deja de sensei. Estoy bien... S-solo n-no digas nada ¿de acuerdo?" Ella desvió sus ojos brillantes sobre los papeles que ahora ensuciaban el piso. Cuando hizo su movimiento audaz, accidentalmente dejó caer una pila de sus papeles del escritorio. Agachándose, los recogió a toda prisa. "Yo... tengo hambre. Creo que terminaré el resto de esto mañana."

"Hinata..."

"Yo... creo que iré a alcanzar a Shiranui-san y almorzaré. Será mejor que comas también, Kakashi-sensei." Devolvió los papeles ahora arrugados sobre la mesa sin ceremonias y se dio la vuelta para usar la ventana como salida. Ella realmente necesita escapar de este lugar en este momento, o de lo contrario... "Adiós sensei. Te veo por ahí."

Kakashi la agarró del codo. "No quiero lastimarte." Dijo suavemente, apretando su agarre sobre ella en caso de que saliera disparada.

"Me estás haciendo daño ahora." Ella susurró.

"Mierda, Hinata. No me hagas esto." Kakashi apretó los dientes mientras sacudía la cabeza. "No entiendes." Es bastante difícil para él hacer esto y verla así ds demasiado para él. Maldita Tsunade... podría haber elegido a cualquiera para este trabajo y tuvo que elegirlo a él...

Y escogerla a ella.

Hinata se dio la vuelta, haciendo todo lo posible para evitar que las lágrimas cayeran. Ella tuvo éxito en este momento, pero sabía que no duraría si esta conversación dura un poco más. "No... ahora entiendo. L-lo dejaste claro. No me quieres. Sigo aferrándome a ese pasado que se suponía que no iba a pasar en primer lugar. S-sigo creyendo que..."

"Eso no es lo que quiero decir."

"Está bien Kakashi-sensei. M-mejor dilo en mi cara ahora para que pueda despertarme de estas tonterías." Hinata trató de apartar su mano. Ella no quiere que él la toque en este momento. "No necesitas desaparecer en una nube de humo hoy, sensei. Yo personalmente... te daré la razón para irte."

"Eso no es lo que quiero decir."

"No, entiendo, ah" Kakashi la agarró por los hombros y le dio una sacudida. El repentino gesto la hizo gritar.

"Maldita sea. Hinata. ¿Cómo puedes no entender? No quiero decir que no te quiero." Kakashi sabía que estaba perdiendo la calma pero en este momento, no le importaba. Hinata lo miraba como si fuera el malo aquí y no podía tener eso.

También estaba empezando a sospechar que sus inseguridades estaban aumentando. No podría tener eso también. Empujándola hacia la pared más cercana, la atrapó allí presionando su cuerpo contra el de ella. La escuchó jadear un par de veces, pero en este momento, su mente estaba centrada únicamente en una cosa. Él tiene que hacerle entender. No pudo hacer eso en la última vez que se encontraron... porque perdió el control. "Te deseo." Le susurró al oído. "Demonios, te quiero."

Los ojos de Hinata se abrieron cuando lo sintió presionar su parte inferior del cuerpo contra la de ella. El color desapareció de su rostro cuando sintió algo apretado en su abdomen bajo. Por supuesto que ella sabía lo que es. Pudo pasar muchos seminarios médicos con Sakura para conocer la anatomía humana. "K-Kakashi..."

"¿Sientes eso?" Preguntó. "Ese es el efecto que me estás dando cada vez que estás cerca. Entonces dime, ¿es una señal de que no te quiero?"

"S-sensei..."

"Contéstame. ¿Es una señal de que no te quiero?" La escuchó gemir y apretó los dientes con frustración. "Créeme; si pudiera... yo..." se detuvo. "Pero... no quiero que lastimarte. Soy mayor .. y tú eres inocente en la relación con los hombres."

Los labios de Hinata temblaron. "¿Eso es todo?"

"No quiero que enfrentes todos los chismes... lo que h ablaran... todo el escándalo cuando... si damos un paso más allá. No quiero que enfrentes la ira de tu padre, Hinata. A Hiashi no le gustará." Kakashi volvió a suspirar y se preguntó cuántos suspiros pudo hacer esta mañana. "Hay demasiadas cosas que nosotros, especialmente tú, tenemos que enfrentar. La gente no entenderá lo que pasó entre nosotros. Lo del viaje en el tiempo aún debe mantenerse en secreto."

"¿No crees que tengo algo que decir en esto?" Preguntó Hinata y sus ojos peligrosamente brillantes y rojos. "Mi decisión cuenta, ¿no?"

"Hinata..."

"K-Kakashi-kun." Hinata agarró su ancho hombro. "Te quiero."

Kakashi se puso rígido.

"Estaba dispuesto a desafiar el tiempo por ti en el pasado, ¿recuerdas?" Ahora las lágrimas comenzaban a caer en gotas pesadas y transparentes. "¿Te acuerdas de eso? Estaba lista para desafiar el tiempo por ti allí. Si crees que yo no soy la que no comprende, creo que estás equivocado. Creo que..." Ella también lo sacudió. "Creo que tú eres el que no entiende. Tú eres el que está más... asustado."

"Estoy asustado."

"Yo también... pero estoy dispuesto a enfrentarlo." Hinata se mordió el labio inferior y miró hacia abajo. "¿Por qué no lo enfrentamos juntos entonces? Ambos tenemos miedo, ¿verdad? Entonces tenemos que enfrentarlo juntos."

"Hinata..."

"Por favor."

Kakashi no dijo nada, pero miró a la chica de cabello azul. Estaba dispuesta a correr el riesgo... ¿y él? En el momento en que permitió que todo saltara un nivel, supo que los problemas y conflictos iban a surgir al instante.

Pero mirándola ahora... sus cuerpos tan cerca...

Kakashi sacudió su cabeza nuevamente. Maldita sea. Realmente debe estar perdiendo su control. Soltando sus hombros, él acercó sus dedos a su barbilla y la levantó. Ella le devolvió la mirada con sus pestañas húmedas y en ese momento, él pudo decidirse. "Tú eres la que quiere esto... así que no me abandones cuando se ponga difícil."

Luego presionó sus labios enmascarados sobre los de ella, amando la forma en que ella se puso rígida por un breve momento antes de derretirse en sus brazos. Nerviosa, las manos de Hinata encontraron su rostro para bajar la máscara. "Lo prometo. Eres tú quien me preocupa." Ella admitió honestamente antes de permitirle tener acceso a sus labios nuevamente.

Ella sabe tan dulce, pero desafortunadamente, este no es el momento ni el lugar. Kakashi dejó que sus manos enguantadas le recorrieran los costados antes de detenerse alrededor de su cintura y la atrajo hacia sí. Rompiendo el beso, dejó que sus labios se arrastraran por el hueco de su cuello. Cuando encontró el lugar correcto, le dio un ligero pellizco y luego chupó.

"Listo." Dijo y se alejó. Demonios... siempre quiso poner una marca de beso en su piel de porcelana. Lástima que Yoda lo haya hecho primero. "Mientras tanto, solo mi marca. No quiero que nos atrapen aquí y creemos un problema mayor antes de que todo comience."

Hinata tocó la piel cruda. "N-no estás cambiando de opinión sobre esto... ¿v-verdad, Kakashi-sensei?"

"Tal vez..." admitió Kakashi, tocando su mejilla todavía húmeda. "Pero tus lágrimas siempre me traerán de vuelta. De eso estoy seguro."

El Hyuga dejó escapar una risa temblorosa. "Somos raros."

"Sí."

Capítulo 4

Kakashi dejó caer su máscara Anbu sobre la hierba alta y miró la sangre seca que la manchaba. El color blanco de la máscara de perro era ahora marrón oscuro. Sabía que aún no se suponía que debía quitárselo porque estaba en un campo abierto y algunos podrían verlo, pero el olor a sangre era tan fuerte que estaba empezando a tener dolor de cabeza.

Luego se quitó el chaleco Anbu estándar y lo colocó cuidadosamente sobre la máscara. El chaleco gris también estaba cubierto de sangre y, por un momento, lo miró como si fuera la cosa más ofensiva del mundo. Con un suspiro cansado, levantó el protector de la frente para revelar su ojo Sharingan.

"Chidori." Su cuerpo se dobló ligeramente y peligrosas bobinas de electricidad aparecieron en su palma derecha. Sin mucho florecimiento, golpeó su mano contra su equipo Anbu. Hubo un fuerte sonido y cuando volvió a mirar sus cosas, estaban completamente incineradas. Solo quedaban fragmentos de ella. Su técnica dejó un pequeño cráter en el suelo y se preguntó si el cuarto se enojaría con él por destruir sus cosas.

Bueno... él siempre podía mentir.

Se bajó nuevamente el protector de la frente y se sentía un poco mejor ahora que no podía oler la sangre. Todo lo que tiene que hacer es regresar a su departamento, tomar un baño para eliminar los rastros de su última misión de asesinato y escribir su informe para otra misión realizada:

"¡Kakashi!"

Su mejilla se crispó ante el sonido de la voz de Maito Gai.

Gai lo ha estado siguiendo mucho últimamente y estaba declarando a todos que es su rival. Con un resoplido, Kakashi estaba de alguna manera molesto porque este paquete de medias verdes pensaba que en realidad estaba a su nivel. El tipo nunca se hizo Anbu y todo lo que hace es su taijutsu. Sin su técnica de siete puertas, ni siquiera tendrá una oportunidad.

"¿Qué?" Preguntó, sabiendo que ya era demasiado tarde para escapar o desaparecer en una nube de humo. Gai era un bastardo persistente y Kakashi sabía que no se quedaría solo si no podía enfrentarlo ahora. Incluso se burla de sus juegos de rivalidad a veces... solo para poder quedarse solo.

"¿Has oído las noticias?" Gai se detuvo cuando estaba a solo un metro de distancia. Llevaba un ramo de flores en sus manos y una canasta con... ¿eran galletas? Kakashi se estremeció al pensar en Gai cocinando.

"¿Para qué son esos?" Se encontró preguntando.

"Oh... los estoy llevando al clan Hyuga". Gai dijo con una sonrisa. "Escuché que la esposa de Hiashi-san acaba de dar a luz a una niña. Hiashi-san y yo nos conocimos en la fiesta del clan Aburame el mes pasado. Hablamos y compartimos nuestras opiniones sobre Taijutsu y estoy muy feliz de que compartamos la mismas ideas sobre mi técnica de puertas interiores... así que sí, voy a visitar y llevar un regalo."

Kakashi solo parpadeó.

"¿Quieres venir conmigo, mi gran rival?" El joven adolescente de verde mostró su sonrisa deslumbrante.

"¿Dio a luz a una niña?" El Anbu repitió robóticamente.

"Hai. La futura heredera del clan Hyuga. Escuché que la llamaron... uhm... ¿Creo que es Hinate? ¿Hanate? Espera... estoy seguro de que va como-"

"Hinata" Kakashi terminó el juego de recordar el nombre de Gai. "El nombre del bebé es Hinata."

Hinata nunca esperó estar en una relación oficial, pero que ahora tuviera una relación secreta con el único Hatake Kakashi, es como contratar a diez guardias al mismo tiempo. El hombre es increíblemente posesivo y paranoico. Solo ha pasado una semana, pero ya estaban discutiendo por muchas cosas.

Especialmente con los problemas relacionados con los hombres.

Sin embargo, es una experiencia feliz para ella y esta muy contenta de que él fuera... bueno, de ella. Hinata sabe que él solo esta siendo protector y realmente lo ama por eso. Sin mencionar que siempre es lindo cuando actúa como un niño celoso con los hombres, especialmente para cierto ninja veterano con el senbon.

Hinata tiene que admitir que estar en una relación secreta es difícil. Ambos tienen que permanecer callados en caso de que alguien sospeche y puedan adivinar el secreto antes del tiempo planeado de que lo admitirían ellos mismos. Se encuentran a veces, en el campo de entrenamiento donde fingieron participar en una pelea amistosa... o, a veces, en la librería, donde ella y Kakashi eran clientes habituales. Era algo muy común encontrarse en la librería, y todos sabían que Kakashi era un gran lector de la serie Icha-Icha, por lo que ambos asumieron que era segura.

Pero lo más difícil de todo era ocultárselo a su Nii-san y su equipo. No estaba acostumbrada a mentir... y siempre actúa nerviosa y culpable cuando lo hace.

Ella es una persona fácil de leer.

Hinata suspiró y cerró los ojos, queriendo desviar sus pensamientos del Hatake. Lo encontró realmente divertido, porque al principio, pensó que no estar con Kakashi la hacía pensar en él a menudo... y ahora que son una pareja oficial, todavía no puede sacarlo de su cabeza.

De hecho, esta empeorando.

Bueno… ambos desafiaron el tiempo para estar juntos, ¿verdad? Tal vez es simplemente… normal.

Entrecerrando los ojos para mirar el pequeño reloj de pared en la pared de su habitación, chasqueó la lengua cuando vio que ya eran las once de la noche y ni siquiera tenía sueño. Shino y Kiba estaban en una misión con el equipo Gai, por lo que no iba a tener a nadie con quien salir mañana, tal vez podría dormir un poco si no tiene suficiente esta noche.

"¿Por qué no puedo dormir?" Murmuró, levantando las mantas para cubrirse de pies a cabeza. "Dormir… necesito dormir… necesito dormir… necesito dormir…"

"¿Quieres que te cuente un cuento antes de dormir?"

La Hyuga se quitó las mantas de la cara, sorprendida cuando escuchó la voz. Lo siguiente que supo fue que una mano cubrió su boca y se encontró mirando una cara medio escondida y un cabello plateado y puntiagudo. Sus ojos se abrieron.

"Shh... no querrás que sepan que me escabullí hasta aquí. Tu padre seguramente tendrá mis bolas."

"K-Kakashi." Ella susurró cuando él dejó que su boca quedara libre. ¿Cómo logró entrar en su habitación sin que ella lo supiera? ¿Y cómo podría colarse desapercibido en un complejo lleno de usuarios de Byakugan? Sus ojos escanearon su forma. Llevaba su uniforme completo de Jounin con un pequeño paquete colgado detrás de él. Los que solían usar cuando estaban a punto de salir en misiones "¿Qué estás...?"

Kakashi miró el cabello de la chica que estaba en la cama y la cara enrojecida antes de responder. Su vestido de noche era un poco delgado y transparente, por lo que estaba teniendo dificultades para encontrar su voz. "A h... Tsunade me asignó para una misión. Es una de clase A así que... tengo que irme esta medianoche."

"¿Una misión inesperada?" Ella se deslizó a su lado.

"Hai. Espiar cosas... mi trabajo habitual."

"Oh..."

"Y quería verte antes de irme... Quiero que sepas que me iré por dos días." El la miro. Se mordía el labio inferior como si estuviera contemplando algo. ¿Quizás no le gusta que él interrumpa en su habitación sin permiso? "Lamento la introducción."

Ella sacudió su cabeza. "Yo... no me importa. Me alegra que quisieras verme antes de irte." Estaba empezando a preocuparse ahora, no porque Kakashi estuviera dentro de su habitación a esta hora de la noche con una gran posibilidad de que lo atraparan, sino que estaba más preocupada de que fuera a una misión. "Ten cuidado."

"Siempre tengo cuidado." El Copy nin respondió y se quitó la máscara. Luego, como si recordara algo importante, sacó un pergamino doblado de su bolsillo y se lo entregó. "Antes de que lo olvide, quiero que tengas esto."

Lo tomó con curiosidad y tomó el interruptor de la lámpara. Encendió la pequeña lámpara y desdobló el papel, con los ojos escaneando las palabras escritas. "¿Una lista?" Podía distinguir números. "Uno..." comenzó a leer en voz baja. "Aléjate de Genma... dos, aléjate de Uchiha Sasuke ... tres-"

"Solo unos pocos recordatorios antes de que me vaya." Kakashi se rascó la cabeza mientras Hinata lo miraba sorprendida y divertida. "Sé que soy raro... pero no pude evitar estar preocupado desde..."

Hinata se rio.

Kakashi hizo una mueca. "No te burles de mí... lo digo en serio".

"Tres..." continuó ella. "Aléjate de Naruto. Estabas enamorada de mi estudiante en tus días de academia." A eso, ella le dio una ceja levantada. "Cuatro, no vayas al bar por la noche con Ino si tus compañeros de equipo no están contigo porque no eres una bebedora. Cinco, nunca te quites la chaqueta. Seis..." Hizo una pausa.

Kakashi miró hacia otro lado.

"Ahora este no es parte de tus... recordatorios."

"Solo finge que no lo escribí. Estoy avergonzado como el infierno para que no tengas que frotármelo en la cara"

"Yo también te quiero." Ella dijo, cortando sus palabras. Miró hacia abajo y se encontró apuntando las puntas de sus dedos juntos. Una mano alcanzó su barbilla para empujarla hacia arriba y sus ojos se posaron en los de él. El hombre es increíblemente guapo sin su máscara... y ella esta sinceramente contenta de que él tuviera esa máscara cubriéndole todo el tiempo. "¿P-puedo hacer mi propia lista también?" Preguntó, de repente le gustó la idea de hacer y no hacer.

"UM, seguro."

Mirando el reloj otra vez, se alegró de que tenían más de media hora antes de la medianoche. Saltando de la cama, caminó hacia su cajón y sacó una pequeña hoja limpia de papel de Manila y un bolígrafo. Luego se inclino sobre el cajón superior y comienzo a garabatear.

Unos minutos más tarde, ella regresó a la cama y se la dio.

"¿Debería leer esto ahora?" Él le preguntó, mirando el papel con recelo.

"No. Guárdalo. Léelo cuando... uhm ... estes lejos de mí."

"Bueno." Se lo metió en el bolsillo del chaleco y lo palmeó dos veces. "Más tarde entonces." Cuando la miró de nuevo, su rostro tenía una expresión algo traviesa. "¿No puedo darte un beso de despedida?"

Hinata le devolvió la mirada por unos segundos. En real-idad, esta divertida de cómo Kakashi es ahora el más ex-presivo en su relación cuando al principio; él era el que hacía todo lo posible para que no funcionara. Lo bueno es que encontró el coraje suficiente para empujarlo a superar sus problemas... porque estaba honestamente a punto de darse por vencida.

Algunos pueden pensar que este tipo de relación e demasiado madura para una chica de dieciocho años, pero desde que recordó su tiempo pasado, tuvo la sensación de que ahora es más madura en comparación con las jóvenes de su edad. Es como si no tuviera dieciocho años... sino que fuera más grande. Además, los sentimientos que sentía por el Copy Nin seguían siendo los mismos. En todo caso, solo se hizo mucho, mucho más profundo y más intenso.

"¿Es mucho para preguntar?" Kakashi suspiró y estaba listo para apoyarse. Él tomó su silencio como un no y estaba bastante decepcionado. Con un suspiro, se encogió de hombros. "Supongo que tengo que irme ahora. No quiero llegar tarde a una misión porque no recibí un beso de buena suerte de mi... uh... novia, ¿verdad?"

"Kakashi..." Él la llamó su novia.

"Tengo que irme." Él dijo, con un ojo en ella. Ella sabía que él seguía hablando a propósito. Parece un niño que perdió sus dulces. "Estoy saliendo de tu habitación ahora... un hombre solitario."

Hinata se rió y extendió la mano. Ella logró agarrarle el brazo justo a tiempo y tiró de él hacia atrás. Cuando levantó la ceja hacia ella, ella lo miró tímidamente. Tenía las mejillas calientes, pero contuvo el aliento y sacó el coraje. Tal vez fue el hecho de que estaban solos en su cama lo que la estaba poniendo nerviosa... y no el hecho de que él estaba pidiendo un beso.

Lentamente, ella se inclinó hacia adelante hasta que la punta de su nariz tocó la de él. Ella sintió que él se quedaba quieto y su corazón se le subió a la garganta. Se besaron varias veces antes... y algunos son encuentros muy intensos, pero este momento fue diferente. Esta vez... estaba pidiendo un beso y no fue un beso repentino. "¿Solo nos vamos a mirar hasta el olvido?" Ella lo escuchó murmurar en un tono impaciente.

Hinata cerró los ojos y presionó suavemente sus labios contra los de él.

Debería haber sido un beso corto, uno que podría haber terminado tan pronto como se conectó. Pero siendo el glotón que es, Kakashi decidió que no tendría nada de eso, así que antes de que la chica de cabello azul pudiera alejarse, se encontró siendo acercada.

Firmemente, él sostuvo la nuca de su cuello para mantenerla en su lugar.

La respiración de Hinata se volvió temblorosa y su mente de repente se centró solamente en el hombre que tiene delante. Kakashi la esta besando suavemente, haciendo todo lo posible para contener sus deseos mientras intentaba saborear el dulce momento de su contacto físico. Sabe que van a enfrentar muchos problemas por delante al entablar esta extraña... y casi tabú relación. Es inevitable, y ambos lo saben.

En Konoha, el tipo de relación entre profesor y alumno es... bueno, raro, y algunas personas simplemente no lo miran de forma norml.

Así que mejor aprovechan ahora que todavía estan en paz.

Después de dejarla ir esa vez cuando se suponía que no debía existir, nunca esperó que la recuperase después de dieciocho años. Pensó que su conexión en el pasado había desaparecido y que tenía que seguir adelante y olvidarla. La vio nacer y eso fue suficiente para volverlo loco.

Verla como un bebé era una prueba de que el tiempo estaba en contra de ellos y que era muy, muy doloroso.

Sí, trató de seguir adelante e incluso creyó que en realidad logró hacerlo. Él la vio convertirse en una chica amable y hermosa e incluso se convirtió en su autoproclamado protector. Desafortunadamente, cuando ella se estaba convirtiendo lentamente en una joven, tuvo que distanciarse porque sus viejas emociones estaban empezando a molestarlo.

Es fácil estar con una niña pero no con una joven mujer.

"K-kakashi..." Hinata susurró cuando él soltó su cuello y rompió el beso. Su rostro estaba cálido y él lo tocó con el pulgar, acariciando la piel suave y sedosa. Kakashi sonrió y estaba bastante tembloroso. Él todavía quería besarla y abrazarla, pero el cielo sabe las cosas que corrían por su mente en este momento.

Tiene que detenerse en caso de que pueda hacer algo que se suponía que no debía hacerse.

Kakashi se aclaró la garganta. "Tengo que irme."

"H-hai." Ella miró el reloj. "T-ten cuidado y... n-no..." Hizo una pausa para morderse el labio. Le daba vergüenza decirlo en voz alta, pero realmente quería decírselo personalmente. "No mires a otras... uhm... mujeres mayores y más maduras mientras estás en la misión, ¿de acuerdo?" Ella sabía lo atractivo que era incluso con su máscara puesta. Incluso escuchó que Genma mencionó una vez que muchas mujeres se habían ofrecido a Kakashi de forma gratuita. Sin embargo, ella no tuvo el coraje de preguntarle si él aceptaba o no, y ese conocimiento solo la estaba preocupando. "Yo... n-no quiero sonar grosera pero..."

Kakashi se rió entre dientes y le dio una palmada en la cabeza, haciendo que su cabello estuviera más desordenado de lo que ya estaba. "Eres mi hime... no te preocupes." Enderezándose, volvió a poner la máscara en su lugar. "Te veo en dos días."

Hubo una repentina ráfaga de viento desde la ventana abierta e hizo que Hinata parpadeara, y en ese instante que cerró los ojos, Kakashi se fue, dejándola sola nuevamente con la repentina sensación de vacío.

Ella ya lo extrañaba.

Tsunade tachó algunas notas en su carpeta manila y se quejó para sí misma. Estaba sola en la oficina y estaba haciendo un trabajo extra. Debería estar en un pub a esta hora de la noche, disfrutando de un poco de paz y tranquilidad. Con un suspiro, desvió la mirada hacia la pequeña caja llena de archivos. Se colocó en la silla frente a su escritorio.

Su ceño enojado fue reemplazado por una sonrisa maliciosa. Era extraño cómo esa simple caja llena de archivos podía cambiar su estado de ánimo tan rápido.

"Bueno... nunca esperé que Kakashi fuera tan bueno en el trabajo de papeleo." Se dijo a sí misma. Tsunade se sentía complacida. Ella sabía que algo sucedía dentro de la sala de contabilidad. Ella solo lo sabía. En el momento en que Kakashi le trajo la caja de archivos cuidadosamente organizados, ella lo supo.

Bueno, si el hecho de que el Copy Nin fue el que terminó casi todos los trabajos de papel no fue una indicación suficiente, ella no sabe qué más podría regalarlo. El Hatake era un gran imbécil perezoso, todos lo sabían, y terminar el resto de trabajos con la solicitud personal de liberar a Genma fue bastante impresionante.

¿O solo estaba tratando de evitar que Shiranui y Hyuga trabajen juntos?

También vio a Kakashi y a la Hyuga el otro día en la librería cuando pasó por allí para obtener un nuevo alijo de su sake favorito de la tienda al otro lado de la calle. En ojos normales y desprevenidos, su forma sutil de compartir miradas robadas y sonrisas tímidas era casi imperceptible.

Pero sus ojos agudos lo vieron todo.

Ella vio la forma en que Kakashi observaba a la joven Hyuga cuando pensó que la peliazul no estaba mirando. Es bueno fingiendo que esta observando el libro al lado de la chica, pero Tsunade sabía lo contrario. Demonios, ella es la maldita Hokage Sannin por el amor de Dios. Podía detectar y observar las cosas más pequeñas con precisión.

Bueno... excepto para apostar. Era un tema completamente diferente y no iba a reflexionar sobre ello más de lo que debería.

"Tiempo..." murmuró Tsunade para sí misma. "Les daré tiempo. He esperado lo suficiente, así que tal vez esperaré un poco más y veré qué pasa. Oh... no puedo esperar para ver la cara de Hiashi."

La sannin sabe que en realidad no es asunto suyo jugar al doctor del amor entre el Copy Nin y la Heredera, pero su relación silenciosa y extraña le recordaba una relación pasada con Dan. Nunca tuvo una segunda oportunidad después de eso... porque no puede volver a abrir sus sentimientos por un hombre nuevo.

Incluso a Jaraiya.

Y ver a los dos tuvo otra segunda oportunidad en la vida y en el amor la hacía sentirse mejor.

Hinata chasqueó la lengua cuando sintió las primeras gotas de lluvia en su frente. Llevaba unas cuantas bolsas de comestibles y regresaba al complejo Hyuga cuando comenzó a llover. Ella pensó que iba a regresar antes de que cayera...

Pero supongo que el clima es una de esas cosas más difíciles de predecir.

Acelerando sus pasos, decidió dar un rodeo y elegir el camino que lleva al campo de entrenamiento seis. El campo era el lugar más cercano para su forma de ir ahora y el más conveniente. Había una pequeña cabaña construida allí hace unos meses y supuso que podría usarla como un refugio temporal contra la lluvia.

Se suponía que la cabaña era un lugar de almacenamiento para sacos de boxeo, muñecos de madera adicionales y otros materiales utilizados para el entrenamiento. Fue construido principalmente con madera y solo estaba medio cerrado. Pero aun así, sabía que serviría como un buen refugio.

Cuando llegó a dicho campo, fue entonces cuando la lluvia comenzó a ponerse más fuerte. También habría truenos de acompañamiento que la hicieron cerrar los ojos. Realmente no tenía miedo a los truenos, pero era un hábito que desarrolló desde que era una niña.

Dejó caer las bolsas de la compra en el suelo, se limpió las gotas de lluvia de las pestañas y miró alrededor de la cabaña, agradecida de que pudiera ayudarla a esconderse de la lluvia fría y los fuertes vientos. Con un suspiro, se sentó en el suelo seco y apoyó la espalda en un aparato de madera.

Todo lo que tenía que hacer ahora era esperar hasta que dejara de llover.

"A Kakashi no le gustará que tú y yo estemos juntos en este lugar." Una voz dijo desde atrás y Hinata gritó sorprendida, la parte ninja de su interior grita defensa. Solo los ninjas de clase S y las personas muy hábiles pueden escabullirse detrás de un Jounin, y eso significa que este tipo de personas son peligrosas. Arrastrándose a cuatro patas, se levantó rápidamente y se dio la vuelta.

Ella escuchó una risa.

"Tienes el talento para ver desde millas de distancia. ¿Por qué no lo usas a veces solo para evitar que alguien te respalde?" Preguntó Sasuke mientras inclinaba lentamente la cabeza hacia un lado. Al igual que la Hyuga, también fue atrapado por esta lluvia y decidió refugiarse debajo de la cabaña. Él ya se estaba poniendo cómodo cuando ella entró como un gatito mojado.

Un lindo gatito... no es de extrañar que Kakashi sea tan posesivo.

Hinata parpadeó cuando vio el imán superior de Konoha. Estaba sentado detrás de una pila de círculos objetivo, por lo que ella no lo había visto a primera vista. Tampoco había una firma de chakra, por lo que estaba fuera de su alcance detectar a un Shinobi como él. Admítelo o no, el Uchiha es un sannin en ciernes... al igual que el resto de sus compañeros de equipo.

Entonces, a menos que ella usara su Byakugan...

"Yo... yo no uso mi Byukugan si no tengo que hacerlo. Estoy dentro de la aldea, así que... realmente no hay necesidad." Quería decirle que al usar su límite de línea de sangre más de lo necesario, ella tiende a ver muchas cosas privadas de las que no quiere hablar. Además, lo Hyugas están entrenados desde la infancia para no alterar la privacidad de Konoha debido a su don.

"Hn."

Espera... ¿Sasuke dijo algo sobre Kakashi?

"Ano..." Hinata recordó la lista que Kakashi le dio la otra noche. Ella realmente no tiene idea de por qué, pero él dijo claramente que no la quiere cerca de este joven. Ese hecho la puso curiosa, por supuesto... y no esta asustada. Este es el mejor amigo de Naruto después de todo. "¿La lluvia también te atrapó aquí?"

"Sí."

"Ah..."

"¿Que es eso?" Sasuke señaló las bolsas.

"Comestibles."

"Hn."

Capítulo 5

A no... ¿acabas de decir algo sobre Kakashi-sensei?" Preguntó Hinata, sentándose en el suelo para apoyarse nuevamente en la abrazadera de madera. Nunca tuvo el coraje de hablar con Sasuke antes, y se sintió rara de que ahora está hablando con él.

Lo más extraño es que en realidad esta respondiendo.

Es uno de esos tipos silenciosos y extraños, y aunque es parte del novato nueve, nunca estuvo cerca de nadie excepto por su equipo... especialmente Naruto. La personalidad de Sasuke es muy reservada... casi como Shino. La única diferencia entre ellos era el aura de intención oscura e intención asesina que sigue al Uchiha en todas partes.

"¿Sensei?" Sasuke sonaba divertido y eso la confundió. La estaba mirando astutamente y era visible en sus ojos oscuros. Por un breve momento, se miraron el uno al otro. Uno intentaba descifrar algún significado oculto mientras que el otro era casi travieso. "Llamas a Kakas hi... ¿sensei todavía?"

Hinata parpadeó. Era una pregunta extraña para ella. "P-por supuesto. ¿Por qué no lo llamaría sensei?"

Sasuke sonrió de lado.

Hinata estaba confundida aún más.

"Pensé que lo estabas llamando..." Los labios del Uchiha se torcieron. Por un segundo, parecía que estaba a punto de continuar su oración, pero finalmente sacudió la cabeza. Sasuke es lo suficientemente inteligente como para saber los límites de lo que debía expresar y hablar. A pesar de que no tenía miedo de Kakashi y sus habilidades mortales, eso no significa que no le haría daño si se centraba en él. Además, todavía estaba usando a la chica como su boleto de entrenamiento y haciéndole saber que él esta al tanto de lo que estaba pasando entre ella y el Copy Nin podría destruirlo.

Así que bien podría jugar un poco más.

"No importa." Él dijo. Sasuke admitió que también tenía curiosidad y que quería encontrar las respuestas a sus preguntas. ¿Por qué Kakashi, que nunca había mirado a nadie antes, bajaría la guardia para esta chica Hyuga? Y una chica que tenía casi la mitad de su edad en ese momento. Sin mencionar que se enfrentará a muchos problemas con el clan Hyuga si su pequeña cita con la hija de Hiashi se filtra.

Conocía a esta chica desde que estaban en la academia, y no había nada realmente notable en ella, excepto por su cabello azul y sus ojos Hyuga: la buena fortuna de haber nacido en un clan de poderosos usuarios de dojutsu. Ah, y también recordó su hábito de desmayo cuando el idiota de Naruto estaba cerca. También fue la más débil de todas las nueve novatas durante sus días de academia y más débil que su primo, Hyuga Neji, que la odiaba.

Conocía esta información no porque estuviera interesado, sino que hubo un momento en que quería probar sus habilidades contra un genio Hyuga como Neji. Y con esa idea, observaría a Neji y luego se daría cuenta de cómo odiaba a Hinata por la forma en que actuaba y vocalizaba.

Pero cuando regresó de su pequeña misión de 'venganza', se sorprendió de cómo su relación ha mejorado. Neji era como un sirviente devoto de este Hyuga Hime y no sabe por qué.

Inconscientemente, sus ojos oscuros se posaron en su pecho. ¿Fue porque ella ha cambiado tanto y es una de esas chicas con curvas y bonitas que pueden hacer que los hombres se volvieran estúpidos?

El gran sapo sannin, Jaraiya, se vuelve loco con Tsunade y sus extravagantes curvas. La nariz de Iruka siempre sangra cuando Naruto usa su sexy jutsu sobre él, y recordó que el Tercer Hokagey otros Shinobi famosos cayeron en la trampa sexy algunas veces también.

¿Entonces fue así con Kakashi y Neji?

De repente, los ojos de Sasuke se entrecerraron. Con su nueva hipótesis, proclamó mentalmente que esas curvas eran ahora sus enemigos. Enemigos muy peligrosos.

"La lluvia se está haciendo más fuerte." Hinata comentó, apartándolo de sus pensamientos.

"Hn"

Ella suspiró y se abrazó las rodillas. Si tan solo no llevara algunos artículos que se pondrían mal si se mojaran, se habría enfrentado al duro clima de frente. "¿P-por qué estás solo aquí Sasuke-kun?" Ella preguntó. Esperaba que continuaran hablando que dejar que el silencio los envolviera a ambos. ¿Tal vez podría hacerse amiga del Uchiha?

Sasuke la estudió primero antes de abrir la boca. "Nunca supe que eras una hablante Hyuga. Pensé que eras una de esas personas silenciosas."

Hinata se sonrojó. "Ano... ¿soy demasiado ruidoso? Gomenasai." Ella cerró la boca y miró hacia otro lado. Fue demasiado por tratar de tener una charla amistosa.

La ceja de Sasuke se levantó cuando la Hyuga se volvió silenciosa como un cadáver. Estaba acostumbrado a las personas que seguían hablando incluso reprendidas. Sus compañeros de equipo, Naruto y Sakura son dos ejemplos de eso. "Hn" Sin pensarlo mucho, la observó por el rabillo de su ojo derecho. El Aburame e Inouzuka son afortunados de tener un miembro silencioso como ella.

"¡Sasuke-kun!" Una voz que llamó afuera hizo que los dos se mirasen. Ambos sabían que era la voz de Sakura Haruno. Sasuke suspiró mientras Hinata se levantaba y se limpiaba antes de caminar hacia el lado abierto de la cabaña y echaba un vistazo.

"¡Sasuke-kun! ¿Dónde estás?"

Allí. Hinata vio a Sakura correr hacia la cabaña, su cabello rosa chicle chorreando agua de lluvia y su ropa roja pegada a su delgado cuerpo como una segunda piel. Con buena intención, ella saludó. "¡Sakura-Chan!" ella llamó. Sakura se detuvo y la miró fijamente.

"¿Dónde está Sasuke?" Preguntó Sakura, entrecerrando los ojos. Sabía que Sasuke estaba alrededor de este campo de entrenamiento en alguna parte, y ver a la antigua heredera Hyuga la estaba haciendo sospechar. Bueno, ella no sospecharia así de Sasuke sí no hubiera dicho nada acerca de querer salir con ella.

"Adentro." La niña hizo un gesto dentro de la cabaña. "Estás mojada Sakura-chan... ¿por qué no-"

"No, gracias." Sakura se dio la vuelta. Le molesta que Hinata fuera quien estaba hablando con ella en este momento y parecía realmente preocupada. Sasuke debería ser el que aparezca preocupado... no esta Hyuga "Dile a Sasuke-kun que Naruto lo estuvo buscando todo el día. Debería aparecer y pasar tiempo con nosotros a veces."

"¿S-Sakura?"

"Nos vemos por ahí, Hinata-chan."

"Iré por este lado." Tenzou Yamato movió un pulgar hacia la derecha cuando se detuvo junto a la rama de un árbol. Estaba un paso por delante de su compañero de misión y lo miró para asegurarse de que lo que quería decir estaba siendo escuchado. Kakashi fue un poco flojo en esta misión y es extraño. Por lo general, él es el más agresivo y el 'más aterrador'.

Pero incluso si ese fuera el caso, la misión fue exitosa y ahora estaban dentro de las fronteras de Konoha vivos y bien, y también a punto de obtener sus cheques de pago, sin mencionar que era una buena marca en sus archivos de Shinobi.

Así que todo está bien... supongo.

"Seguro." Kakashi respondió, sin prestar realmente atención. La lluvia le empapaba el chaleco y la camisa y le estaba poniendo nervioso. Estaba realmente impaciente por volver a su departamento y cambiarse a algo cómodo y seco. Su máscara tampoco ayudaba, la tela estaba mojada y le dificultaba la respiración.

Y realmente quería comprobar a su Hime. Puede sonar extraño, pero él no estuvo realmente en relaciones antes. Puede tener ocasionales una o dos noches, pero no del tipo en el que estaba ahora. Kakashi odiaba admitirlo, pero no sabe nada sobre las relaciones formales y no es consciente de si esta haciendo las cosas bien. Hinata es su primera... novia. Y cada vez que piensa en ese hecho, no puede evitar hacer una mueca ante lo lamentable que suena.

Realmente necesita tomar prestados esos libros de actitud y personalidad de Sai... en caso de que necesitara más información sobre cómo deberían ser las relaciones.

Sí, esa sería una buena opción.

"Entonces, nos vemos luego Senpai." Yamato sonrió mientras se limpiaba una gota de agua de la nariz. El frío le llegaba a los huesos y comenzaba a temblar. Vio a Kakashi fruncir el ceño y se rió entre dientes. "Solo bromeaba."

A Kakashi no le gusta que lo llamen Senpai al igual que a él no le gusta que lo llamen Tenzou, pero fue una broma privada entre viejos camaradas y siempre traía viejos recuerdos.

"Hai. Kohai." Kakashi agitó una mano mientras se agachaba y saltaba en la dirección opuesta que Yamato iba a tomar. Planeaba tomar el acceso directo a su departamento y el más rápido es hacer una línea recta cerca del campo de entrenamiento trece.

Mientras la lluvia seguía cayendo sobre él, Kakashi se encontró saltando cada vez más rápido y todo a su alrededor se convirtió en una mancha marrón verdosa. Cuando estaba a punto de dar una vuelta, algo que era del color rojo y rosa pasó rápidamente por su lado. Reconociendo la poderosa firma del chakra, hizo un gesto justo a tiempo para escuchar un sollozo.

"¿Sakura-Chan?" Frunció el ceño ante el estado en que se encontraba su estudiante. La agarró del brazo y admitió que le dolía la articulación del hombro cuando la empujó hacia atrás. La niña es muy fuerte y tiene el potencial de convertirse en una futura sanin algún día, al igual que Tsunade. Al estudiar el rostro de la niña, vio que sus ojos estaban rojos y las lágrimas se escondían astutamente detrás de la lluvia.

"¡Kakash-Sensei!" Sakura se sorprendió al ver a su maestro en esta parte del bosque de Konoha. Hasta donde ella sabía, nadie realmente viene aquí, excepto los ninjas de la guardia y ocasionalmente Anbu. Parpadeando su sorpresa, logró sonreír. "Yo... yo no sabía que estabas aquí."

"Solo estoy de paso."

"¿Acabas de llegar de una misión?" Preguntó el pelirosa, mirando la mochila mojada en su espalda. "Puedo sentir un ligero desorden de tu chakra en la parte posterior de tu cuello. ¿Estás herido sensei?"

"Haces dos preguntas a la vez." Kakashi dejó ir el brazo de Sakura. "Hai. Acabo de salir de una misión y mi cuello está bien. Acabo de tener un pequeño problema en el camino pero nada de qué preocuparme". Con un ligero estrechamiento de su ojo visible, él señaló su nariz. "¿Has estado llorando?"

"No."

"Bien." La miró con un tono falso de creencia.

Sakura miró hacia abajo, temerosa de que el capitán de su equipo fuera a leer sus pensamientos. Kakashi es realmente bueno leyendo sus emociones porque la conocía bien. Han estado en el mismo equipo durante años. Con un suspiro tembloroso, sus labios comenzaron a temblar mientras las lágrimas se mezclaban con las gotas de lluvia.

"Sasuke otra vez ¿eh?" Kakashi dio un giro al problema habitual de Sakura. No era noticia que Sasuke siempre estaba actuando como un idiota hacia ella. Realmente se preocupa por el Uchiha, pero a veces, tiene que admitir que Sasuke no es la mejor persona. El niño realmente necesita hacerse un chequeo de personalidad.

Sakura asintió con la cabeza.

"¿Qué hizo esta vez?"

Sakura se sorbió la nariz. "Puedes pensar en mí como una chica inmadura por ser esta... esta llorona. La razón es bastante hueca en realidad... pero no puedo evitar que me lastime, sensei."

"No eres inmadura, Sakura." Kakashi se rascó las puntas húmedas de un cabello. "Creeme, lo sé."

Sakura levantó una ceja. Kakashi no era del tipo de enamorarse y estar en una relación, entonces, ¿cómo podría saberlo? Por lo que ella sabía, él es conocido por hacer llorar a las chicas. Bueno, no a propósito... pero aún así.

"¿Entonces me vas a decir?" Preguntó su sensei.

"¿Prometes no decirlo?"

"¿Te he fallado alguna vez?"

Sakura se mordió el labio en contemplación. Luego asintió con la cabeza cuando su mente estaba fija. "Está bien... uhm... Sasuke está con... está con Hinata-chan. Vine a buscar a Sasuke cuando comenzó la lluvia porque no quiero que se esfuerce con el entrenamiento y se enfríe como la última vez. Pero cuando lo busqué, él estaba con ella."

Kakashi se congeló.

"¿S-sensei?"

"¿Dónde?" Preguntó Kakashi.

"En la nueva cabaña que se utiliza para mantener secos los equipos de entrenamiento."

Capítulo 6

Una sonrisa traviesa pasó por los labios de Sasuke y Hinata no pudo verlo.

El Uchiha sabía que alguien que no estaba en su campo de visión los estaba observando. No había firma de chakra, pero podía sentir la intención asesina y estaba dirigida exclusivamente a él. Por supuesto, tiene una buena suposición de dónde venía esa intención asesina.

Supuso que provenía de un Copy Nin muy celoso.

"Hn" Giró la cabeza hacia un lado para mirar de nuevo a la Hyuga. Estaba ocupada limpiando su largo cabello mojado con un pañuelo. Hinata ya no le estaba prestando atención y él estaba un poco intrigado por ese hecho. Ella es tan diferente del resto de las chicas que lo siguen.

Las chicas generalmente hacen todo lo posible para mantener una conversación con él.

"Oye."

Ella lo miró con curiosidad. "¿Hai, Sasuke-kun?"

"¿Que vas a hacer esta noche?" Preguntó, un poco más alto que su volumen de voz normal.

"Ah... n-nada realmente. ¿Por qué?"

"¿Quieres cenar conmigo?"

Hubo un repentino fuerte crujido y ambos levantaron la vista justo a tiempo para que el techo de la cabaña saliera volando. Pequeños trozos de madera cayeron sobre ellos junto con la fuerte lluvia y se levantaron bruscamente de sus lugares. La expresión de Hinata era de puro horror mientras miraba a su alrededor en busca de alguna pista, mientras que Sasuke estaba simplemente molesto.

Nunca supo que Kakashi lo llevaría tan lejos como volar el techo de la cabaña.

Hinata se quitó apresuradamente la chaqueta y cubrió sus bolsas de supermercado antes de que el contenido del interior se volviera descuidado e insalvable.

"Wow... ese fue un fuerte rayo." Kakashi dijo mientras salía de los árboles. Los ojos de Hinata se abrieron al verlo mientras Sasuke solo sonreía. "Acabo de regresar de mi misión." Miró la cabaña que ahora no tenía techo y luego la camisa interior mojada de Hinata. Es púrpura y algo espesa, pero la lluvia hacía que se pegara a su cuerpo como... medias. "Vi un relámpago y luego el techo se fue volando."

Sasuke suspiro.

Kakashi sacudió la cabeza. "Lo bueno es que no me golpeó. Habría muerto."

"Por Dios." El Uchiha murmuró, sacudiendo la cabeza.

Hinata seguía mirando al Copy Nin con sus grandes y atónitos ojos. "E-estás de vuelta Kakashi-sensei." Ella lo dijo con aliento cebado. De alguna manera, había cierta sospecha en su interior de que el Copy Nin no estaba diciendo la verdad. Su ojo visible era demasiado inocente y le recordó esa vez cuando golpeó a Genma con una tapa.

"Mejor informa esto a la Hokage, Sasuke-kun. Dile que la naturaleza destruyó accidentalmente la cabaña donde guardan los equipos de entrenamiento." Dijo Kakashi. "Para que puedan arreglar esto de inmediato."

"Creo que iré a ayudar a Hyuga-san con sus bolsas de supermercado." Dijo Sasuke sin humor. Todavía estaba molesto porque Kakashi lo mojó con sus tontas payasadas y quería hacerlo pagar. "Y luego informaré esto a la Hokage. Todo dentro de esa cabaña está húmedo de todos modos, así que no hay mucho que hacer hasta que cese la lluvia."

"Oh, puedo ayudar" El ojo de Kakashi se arrugó mientras sonreía detrás de su máscara. "Voy por ese camino, así que no te molestes." Señaló la dirección que conduce al complejo Hyuga. "Solo sé un buen chico e informa el asunto a la señora Tsunade."

"Tu departamento no es para allá. Es para allá". Dijo Sasuke y señaló en la dirección opuesta que su sensei estaba indicando. "Entonces el problema está en ti Kakashi-sensei."

Kakashi se puso rígido por unos segundos antes de reanudar su falsa apariencia alegre.

"¿Has olvidado... sensei?" Sasuke continuó preguntando.

"No." Kakashi respondió. "Pero tengo que pasar por la casa de Naruto para decirle que vaya a buscar a Sakura. Está helada y húmeda en medio del bosque y no vendrá conmigo ya que estaba ocupada llorando." Ahora había un ligero tono acusador en su voz. "¿Sabes la razón de eso, Sasuke-kun?"

Sasuke cerró la boca y sonrió.

Hinata parpadeó, dándose cuenta de que Sakura podría haber tomado el camino equivocado cuando la vio con Sasuke dentro de la cabaña, y mirando a Kakashi ahora; También se dio cuenta de que Kakashi también podría tomar esto de la manera incorrecta. "Ano... puedo ir a buscar a Sakura-chan y decirle que"

"La voy a buscar." Sasuke suspiró aunque todavía había un indicio de molestia en su rostro. Era más fácil lidiar con un Sakura llorando que enfrentarse a un Naruto muy ruidoso, y preferiría enfrentar al primero. Estaba mojado de todos modos, bien podría empapar su cuerpo hasta que cayera del frío. "Ahora que estás de nuevo..." Miró al hombre mayor. "Creo que el entrenamiento se reanudará."

"Un entrenamiento que nunca se olvida." Kakashi respondió jovialmente. "Ahora vete Sasuke. Tu compañera de equipo te necesita."

"Hn" Sasuke sonrió antes de desaparecer en un destello blanco y azul.

Cuando el Uchiha se fue, Hinata bajó los ojos nerviosamente, temerosa de mirar al hombre que tenía delante. La lluvia seguía siendo fuerte y ahora estaba empapada. Reuniendo su coraje, levantó la vista y abrió la boca.

Justo cuando una capa blanca de viaje cayó sobre su cabeza.

Hinata parpadeó.

"Estás mojada y fría" Dijo Kakashi, sin más pretensiones en su rostro. Cuando ella miró su ojo visible, él estaba simplemente preocupado. "Regresemos al complejo antes de que tus dientes comiencen a temblar." Tomó todas las bolsas de supermercado con una sola mano, haciendo que Hinata notara lo grandes y fuertes que son sus manos.

Luego, el hombre comenzó a caminar hacia adelante y ella la siguió a regañadientes, su capa de viaje estándar

Shinobi todavía estaba en su cabeza y cubría la mitad de su rostro. "Gomenasai." Ella murmuró. "Rompí dos de las cosas que enumeraste y-"

"Realmente no necesitas seguirlas." Respondió. "Te los di porque solo estoy... actuando como un niño celoso. Pero realmente, Hime, está bien."

"Todavía lo siento."

"Sé que fue espeluznante... darte una lista como esa."

"No me importa." Hinata respondió suavemente. "¿E-estás enojado conmigo K-kakashi?" Ella lo vio sacudir la cabeza, pero no la estaba mirando, por lo que realmente no podía decirlo. Con un suspiro, ella tomó su manga. Él no dejó de caminar, así que ella mantuvo sus pasos para seguirle el paso.

"No podemos permitirnos detenernos." Él explicó. "Necesitas llegar a algún lado cálido."

"¿Estás enojado conmigo?"

"¿Por qué estaría enojado contigo?"

"¿E-enserio?"

"Hai. Confío en ti. Además, detenerse ahora sería una muy mala idea."

Hinata frunció el ceño. "¿Por qué?" Estaba mojada de todos modos, ¿cuál era el punto de apurarse? Ella realmente quería hablar con él más.

"No puedo... controlarme." La voz de Kakashi era tensa y, de alguna manera, la repentina y cruda emoción en ella envió escalofríos por su columna vertebral. A su alrededor, los árboles se balanceaban debido al fuerte viento y la lluvia se hacía cada vez más fuerte, pero Hinata de repente se sintió muy, muy cálida. "No podemos permitir que nadie sospeche. Será difícil para ti."

"Oh..." murmuró. "Entiendo."

Cuando llegaron al complejo Hyuga, Kakashi le devolvió las bolsas a Hinata, quien lo aceptó en voz baja. Los ojos de la chica estaban llenos de anhelo y él miró hacia otro lado, tratando de resistirse a tocar su mejilla húmeda o pellizcar esa linda y pequeña nariz que ya estaba roja en la punta. Cuando recibió las bolsas, sus dedos se tocaron y se demoró unos segundos antes de romper el contacto.

"Arigatou." La niña susurró.

"Ve y cámbiate." Él le dijo, sonriendo con cariño detrás de la máscara. "Nos veremos... o vendré a visitarte esta noche, eso si la Hokage no me da más trabajo."

"Pero estás cansado. No tienes que verme porque necesitas descansar." Dijo suavemente, mirando su figura agachada con preocupación. Estaba de pie más encorvado que de costumbre y ella lo sorprendió frotando el lado derecho de su cuello. "No sufriste ninguna herida durante la misión, ¿verdad?"

"Estoy bien, Hime... ahora ve a ponerte algo de ropa seca." Hizo un gesto hacia la puerta del recinto con una mano enguantada.

Hinata asintió y caminó hacia las puertas, solo mirando hacia atrás cuando ya estaba dentro del territorio Hyuga. Usando su Byakugan, observó la figura en retirada de Kakashi y sacudió la cabeza cuando notó el flujo desigual de chakra cerca de su cuello.

Por supuesto que no admitiría que tiene heridas. Kakashi es demasiado orgulloso y demasiado despreocupado para eso.

Mentalmente diciéndose a sí misma que le diera ungüentos más tarde, caminó descuidadamente hacia la sucursal principal Hyuga con sus bolsas de supermercado. Su ropa se pegaba a su piel y dejaba al descubierto la forma regordeta de su pecho, por lo que trató de cubrirlos con sus largos mechones, solo que no eran de mucha utilidad porque su cabello estaba pegado.

"¿Hinata-sama?" Neji la vio antes de que pudiera desaparecer por completo dentro de la cocina. El prodigio Hyuga bajaba las escaleras y ella se detuvo para sonreírle, levantando un poco las bolsas para que él las viera.

"Nii-san. Te conseguí tus rollos saori favoritos."

"¿Lo hiciste? Arigatou." Neji miró su ropa mojada y saltó rápidamente de las escaleras. Él aterrizó frente a ella con gracia, una rodilla en el piso de madera y una mano a su lado. Sin muchas palabras, él tomó las bolsas de sus manos y las colocó sobre el mostrador. "Ve a cambiarte, Hinata-sama. Yo me encargaré de esto."

"H-hai." Ella asintió y corrió a su habitación, contenta de que finalmente pudiera salir de la ropa incómoda.

Cuando la chica se fue, Neji frunció el ceño ante las bolsas de compra. No se molestó en mencionárselo a Hinata-sama, pero ¿por qué estaba la capa de Kakashi Hatake con ella? La capa mojada colgaba de su hombro como una cortina. Era demasiado grande y demasiado largo y ni siquiera era su púrpura habitual. No podría haber notado la prenda insignificante si sus agudos ojos no hubieran captado eñl nombre grabado en la manga.

Hatake

Y solo había un Hatake en el pueblo.

Todavía frunciendo el ceño, Neji comenzó a cavar dentro de las bolsas de comestibles por sus rollos saori favoritos.

Kakashi se recostó en su silla mientras su ojo miraba la olla llena de estofado de verduras. Se colocó sobre la estufa a baja temperatura y burbujeaba alegremente mientras llenaba el apartamento de su habitación con un aroma satisfactorio. Mientras esperaba, tiró su camisa negra en otra silla porque no quiere ponerse la ropa, tiene algunos rasguños leves en la espalda y el pecho y es más cómodo si no usa una camisa.

Con un gemido cansado, Kakashi agarró el pequeño libro cubierto de naranja sobre la mesa junto a él y hojeó perezosamente las páginas.

Mientras continuaba hacia donde lo había dejado, la parte donde Tesda iba a confesar su amor eterno a su nuevo interés amoroso, su mano se arrastró hasta su cuello y comenzó a presionar por el dolor muscular de allí. Fue un dolor irritante y se estremeció cuando su pulgar presionó el lugar más tierno.

Sin embargo, su dolor fue temporalmente olvidado cuando su mente comenzó a concentrarse únicamente en lo que estaba escrito en el libro del paraíso Icha-Icha. Jaraiya es un escritor realmente talentosa. La forma en que el sapo sanin captura las emociones y la forma en que podría encontrar muchos giros inesperados en la trama es simplemente increíble.

Sin mencionar lo imaginativo y creativo que era cuando se trata de las partes interesantes.

"No sabía que se puede hacer eso en esa posición." Kakashi murmuró mientras se rascaba la barbilla con una mirada contemplativa. Habría reflexionado sobre el nuevo conocimiento más si no hubiera sido interrumpido por un repentino parpadeo de chakra de luz.

Un ligero chakra Hyuga.

De repente alerta, Kakashi se levantó de su silla, bueno, casi saltó, y arrojó su libro Icha-Icha debajo de la mesa donde nadie lo notaría. Al mirar el reloj de pared a su izquierda, se preguntó por qué Hinata estaba fuera a esta hora de la noche. Ella ya debería estar dentro de las instalaciones Hyuga.

Y hasta donde él sabía, ella no estaba en servicio nocturno esta semana.

Entonces hubo un golpe.

Pasándose una mano por el pelo, caminó hacia la puerta y la abrió. Su ojo oscuro y sin cicatrices se arrugó a los lados para regañar a su Hime. "No deberías venir aquí a esta hora de la noche, Hi-"

"Lo sé, Kakashi-sensei." Hyuga Neji miró al hombre mayor con recelo. Si sus oídos lo escuchaban bien, y estaba seguro de que lo hicieron, Kakashi estaba a punto de decir el nombre de alguien.

El rostro sorprendido de Kakashi fue de corta duración ya que pudo ocultarlo nuevamente detrás de una sonrisa cortés. "Oh ... eres tú Neji." La mano sobre su cabello cayó sin fuerzas sobre su costado. Es como si alguien acabara de arrojarle un vaso de agua fría en la cara. Fue una sensación realmente divertida, como una mezcla de desilusión y alivio. Kakashi estuvo casi tentado a reírse de eso, pero pensó que no era el momento adecuado ya que Neji puede pensar en él como 'mentalmente inestable'

"¿Estás esperando a alguien más?" Preguntó Neji, ojos blancos todavía duros y observadores.

"Realmente no."

Aclarando su garganta, Neji sacó algo de su bolsillo y se lo entregó a su mayor Jounin. Era un pequeño pergamino con el sello de Tsunade. "Tsunade-sama me indicó que te diera esto. Es una lista de nombres para algunos ninjas que son potenciales de Anbu. Ella quiere tener tu opinión antes de elegir nuevos miembros de Anbu."

"Estás en la cima de la lista." Kakashi notó mientras escaneaba el pergamino. La lista era corta y reconoció algunos de los nombres que pertenecen a ninjas muy calificadas.También reconoció a Aburame Shino. "Y no estoy sorprendido." Añadió de una manera amable.

"Hun." Neji cambió su peso sobre su otro pie. "Gracias."

"Arigatou, Neji." Giró el pergamino nuevamente. "Me ocuparé de esto de inmediato."

Neji asintió y desapareció en un destello blanco. El Hyuga llevaba puesto su uniforme Jounin, por lo que Kakashi supuso que estaba de guardia esta noche. Cerrando la puerta, suspiró y arrojó el pergamino sobre la mesa. No le dieron ningún horario, así que lo presentará mañana por la mañana.

Tsunade podía esperar, pero el nuevo interés amoroso de Tesda no podía. Poniéndose de rodillas, se metió debajo de la mesa y buscó su libro desechado. Lamentaba haber tratado su libro con tanta dureza pero...

Hubo otro golpe.

"¿Sí?" Él llamó. Todavía era chakra Hyuga, así que asumió que el Prodigio tenía algo más que decirle, así que regresó. "Solo entra."

La puerta se abrió suavemente.

"¿K-kakashi...?" Hinata llamó mientras bajaba la cabeza y miraba debajo de la mesa. En el segundo en que entró en la habitación, vio las largas piernas del Hatake sobresaliendo de debajo de la mesa mientras su torso superior estaba completamente oculto. "Ano ... ¿Q-qué estás haciendo allí?"

"Hinata-chan." Kakashi pateó el libro y salió a toda prisa. Luego se enderezó y se sacudió el polvo mientras miraba a la chica que estaba junto a la puerta. Llevaba una canasta y su cabello estaba atado en un moño. Nunca la había visto atarlo como un moño antes, y ella se ve bien. Algunos mechones sueltos de cabello enmarcan su rostro de la manera correcta. "¿Qué estás haciendo aquí?"

Hinata parpadeó y miró hacia abajo. Kakashi no llevaba camisa y estaba avergonzada de mirar esos músculosos abdominales duros. "Yo... vine a traerte ungüento para tu .." Ella señaló con un dedo. "Cuello."

Él levantó una ceja.

"Gomen... me tomé la libertad de revisar tu cuerpo y yo-" Hinata se detuvo y se detuvo. Ella quería explicárselo, pero las palabras salieron mal. También sonaba muy mal. "Oh... lo que quiero decir es..."

"Puedes revisar mi cuerpo en cualquier momento, Hime." Dijo Kakashi, un ojo brillando con picardía.

Hinata se sonrojó.

"¿Alguien sabe que tú... ah ... decidiste venir aquí sola a esta hora de la noche?" Le preguntó a ella. En el momento en que Hinata se mordió el labio inferior y sus manos temblaron nerviosamente, supo la respuesta de inmediato. "Correcto." Se rascó la cabeza. "Así que nadie lo sabe ¿eh? Podrías meterte en problemas, Hinata. Tu primo acaba de salir, sabes... fue bueno que no haya visto"

Hinata suspiro. "Yo... lo sé, pero..." ella levantó su canasta al mismo tiempo que sus ojos se posaron en su cuello. También vio algunos rasguños en su pecho y los estudió con una mirada preocupada. "Pero tengo que traerte ungüentos. También traje un bento. No me quedaré mucho de todos modos."

Kakashi tomó la canasta mientras miraba su contenido. Había unas pocas botellas de gel pegajoso púrpura. También había una caja lacada en negro que emitía un olor muy delicioso que sospechaba que solo podía ser tempura y sashimi. "Arigatou."

Hinata sonrió levemente y se volvió hacia la puerta. "E-eso es todo por lo que vine aquí. Tengo que regresar antes de que alguien sospeche que no estoy dentro de mi habitación. Todos en casa pensaron que ya estaba durmiendo." Ella comenzó a caminar, pero antes de que pudiera alcanzar la manija de la puerta, Kakashi la agarró de la mano.

"Hime" Kakashi inclinó la cabeza hacia abajo para que sus labios estuvieran nivelados contra su oído. "Quédate un poco más."

"Ano..." Se dio la vuelta y se encontró cara a cara con un ninja muy guapo. Su máscara ya se había ido y ella lo miraba a la cara en toda su gloria descubierta. Kakashi realmente sabe cómo jugar bien sus cartas. "Eso es... eso es todo por lo que vine aquí." Hizo un gesto hacia la canasta que ahora descansaba sobre la mesa.

"¿De Verdad?" Kakashi levantó las cejas de nuevo. La chica debería saberlo mejor. No podían interactuar en público de la manera que querían y todas sus acciones deben ser restringidas, incluso sus conversaciones.

Y ahora, ella estaba dentro de su apartamento a esta hora de la noche. Por supuesto, no podía dejarla ir todavía.

"Hai" Ella chilló. "E-eso es todo."

"¿No me ayudarás?" Tomó una de sus manos y la colocó sobre su cuello, el área que le resultó más dolorosa. "Estás aquí de todos modos... ¿por qué no me cuidas un poco?" Hinata lo miró sospechosamente y él se echó a reír. "Puedes ir después de eso. Lo prometo."

Hinata se mordió el labio. "E-está bien"

"Espera. Solo apagaré la estufa."

Unos minutos más tarde, Hinata estaba sentada con las piernas cruzadas en el suelo y la espalda desnuda de Kakashi frente a ella. Ella estaba aplicando expertamente su ungüento casero en sus contusiones mientras él pacientemente permanecía sentado como un buen paciente. Mientras lo estaba tratando, entablaron una conversación ligera que gira principalmente en torno a la última misión de Kakashi.

Él le dijo que la misión era difícil y que casi se le cortaba la cabeza camino a casa cuando las cosas se pusieron un poco desastrosas. Kakashi habló de eso como si fuera una historia divertida, pero a ella no le divirtió en absoluto.

Ella estaba preocupada.

"T-tienes que ser más cuidadoso, ¿sabes?" Ella le dijo, ahora estirándose un poco para alcanzar su cuello. Incluso sentado, Kakashi es aún más alto que ella... demadiado. "Incluso con grandes habilidades que tienes... tienes que ver por tu seguridad siempre."

"¿Mi hime está preocupado por mí?"

Ella hizo un puchero, a pesar de que él no podía ver. "Lo digo en serio." Él se rió entre dientes y Hinata pudo sentir las vibraciones en su espalda. "K-kakashi... lo digo en serio. Los ninjas con gran habilidad como tú a veces se confía demasiado en que no se dan cuenta de su propia seguridad. Deberías estar..."

El copy nin echó la cabeza hacia atrás. "Siempre tengo cuidado."

"D-deberías tenerlo. Ano... por favorfiratw. Tengo que ver los moretones en tu pecho." Kakashi obedeció y ella comenzó a aplicar el ungüento en los puntos doloridos de su piel. No son realmente serios, pero ella sabe que aún así duelen. Se dio cuenta porque Kakashi se estremeció con cada vez que ella presionó un poco demasiado fuerte.

Hinata también se dio cuenta de que los ojos desiguales del Copy nin estaban sobre ella todo el tiempo, pero fingió no darse cuenta.

"Huele bien." Comentó cuando ella le devolvió la botella llena de ungüento en la canasta

"Lilas y lavandas. Siempre pongo un poco para aliviar los fuertes aromas de las hierbas." Explicó y entrecerró los ojos ante una herida en particular. Era un poco púrpura con tonos de verde. "¿Qué hiciste en la misión que resultó de esto?" murmuró inconscientemente.

Se ve sospechosamente como una marca de mordisco.

"¿Qué pasó antes que tuviste que estar sola con Sasuke en la cabaña de almacenamiento?" Kakashi preguntó de vuelta.

"Yo... pregunté primero."

"Hice la pregunta más importante de los dos." Hinata frunció el ceño. Ella pensó que él lo había superado. Dijo que confia en ella, ¿no? Pero ahora lo estaba mencionando.

"Amvoss fuimos atrapados desprevenidos por la lluvia y nos encontramos allí por casualidad... y nos habríamos quedado secos si no hubieras volado el techo."

Kakashi fingió conmoción. "¿Crees que hice eso? ¿Cómo puedes pensar así Hinata-chan?"

El hombre la miraba como si acabara de acusarlo de asesinato y ella no puede evitar sacudir la cabeza con incredulidad. "Sé que te he decepcionado. Realmente lo siento por eso... pero te aseguro que nunca miraré a otro porque yo..."

"Porque...?"

"Yo... yo te amo-"

Kakashi sonrió y la atrajo hacia sí. "Eres linda cuando te da vergüenza, ¿lo sabes?" Sin esperar su respuesta, él se inclinó y dejó que sus labios rozaran los de ella. Quería besarla, por supuesto, pero en este momento, su atención se centró únicamente en su elegante cuello.

Esta tan pálido y tan suave que sabe que tenía que sentirlo. Ese maldito Yoda debe haber disfrutado mucho cuando le puso sus besos.

"Me hiciste esperar más de diecisiete años, ¿sabes?" Hinata lo escuchó susurrar. "Así que por favor entiende si... si yo...

Capítulo 7

K-kakashi..." El nombre que salió de los labios de Hinata fue más que un susurro y Kakashi sintió que su interior se agitaba. Su voz es tan pequeña y tan linda que lo esta volviendo loco. Con un gemido, le dio un suave mordisco a la suave piel de su cuello mientras sus manos rodeaban su cintura para acercarla.

"Shhh..." Dijo, disfrutando de la sensación de su fuerte y rápido latido contra su propio pecho. Ambos huelen a su ungüento casero ahora porque parte del ungüento manchó su ropa cuando él presionó su pecho desnudo contra ella. En algún lugar en el fondo de su mente, una voz le decía que redujera la velocidad y que fuera racional, en caso de que pudiera perder el control de sus propios deseos. Desafortunadamente, la intimidad entre él y Hinata es demasiado buena para ser desechada.

Él quiere más.

Hinata apretó los dientes para evitar hacer sollozos mientras los traviesos labios de Kakashi se deslizaban hasta su barbilla. Lo hizo muy lentamente, lo que hizo que sus dedos se curvaran. Tomando respiraciones gruesas, sus manos se levantaron por sí mismas para agarrar un puñado de cabello plateado en cada palma, suave por supuesto, pero lo suficiente como para darle algún tipo de apoyo mientras la conducían al borde de la locura.

Realmente temía que su mente no pudiera soportar el choque de sus emociones y la electricidad que parece correr por su cuerpo con cada toque de sus labios y manos.

"Yo..." Hinata cerró los ojos cuando Kakashi lentamente dejó su barbilla y comenzó a alcanzar sus labios. "Yo... necesito irme." Tartamudeó pero su voz obviamente era tensa. Podría ser la razón por la que sintió que Kakashi sonrió.

"Quedate." El hombre mayor murmuró antes de silenciarla con un beso profundo. Su voz era baja y profunda, y Hinata sintió un escalofrío en la piel. Kakashi estaba volviendo su mente en blanco y su cuerpo volviéndose loco. El hombre es tan peligroso con sus labios y voz como lo era con su ojo Sharingan. "Hime... por favor, quédate."

"Pero..." se las arregló. "Yo... tengo que..."

"Por favor."

"Kakashi-sensei..." Murmuró el honorífico, demasiado tarde para recuperarlo. Fue puramente involuntario y sinceramente salió de la nada que se sorprendió a sí misma. ¿Por qué tenía que llamarlo sensei en este momento? Es tan extraño. Con temor, sintió que el Copy Nin se puso rígido y abrió un ojo culpable para mirarlo a la cara y ver si estaba ofendido.

Hinata se sorprendió al descubrir que el hombre estaba sonriendo con una sonrisa torcida. Sus labios se extendieron por su rostro de una manera desigual que muestra diversión y sus ojos desiguales la miraban con picardía. "Oh, no deberías haberme llamado así."

La chica bajó la cabeza al instante, su personalidad fácilmente avergonzada sacaba lo mejor de ella. "¡Gomen!" Hinata chilló. "No quise decir que-"

"Porque llamándome sensei con esa linda voz..." Kakashi se arrastró y de repente dejó que su torso superior se inclinara hacia adelante, haciendo que Hinata se inclinara hacia atrás. La escuchó jadear cuando su espalda tocó el piso justo cuando su cuerpo descansaba sobre el de ella. Kakashi luego colocó su codo a cada lado, atrapándola en el medio.

"Lo siento." Le susurró al oído.

Hinata parpadeó. ¿Para qué fue la disculpa?

"Lamento estar tocandote así, Hime." Kakashi continuó con un suspiro. "No puedo detenerme... solo tengo que sentirte. No sabes cuánto hiciste que me doliera el cuerpo."

"K-kakashi."

"Por favor, dime que pare". El mayor Jounin suplicó mientras se inclinaba y capturaba sus labios nuevamente en un beso profundo que hizo que la mente de Hinata girara. Él soltaría sus labios cada pocos segundos para suplicar nuevamente, pero volvería a lo que estaba haciendo con más firmeza que antes.

Cuando rompió el contacto, ambos estaban jadeando por aire. Los labios de Hinata estaban hinchados y hormigueantes y sus ojos se posaron en su amante, buscando cualquier tipo de pista sobre lo que estaba pensando.

"Dime que pare." Kakashi dijo de nuevo cuando su mano se arrastró hasta la cremallera de su chaqueta. Su rostro ahora descansaba sobre el hueco de su cuello y estaba respirando su aroma floral. Kakashi estaba respirando de manera forzada, como si estuviera tratando de aferrarse a algo. "Hime..."

Lentamente, tiró de la cremallera mientras presionaba su región inferior sobre sus caderas.

Kakashi apretó los dientes.

El aliento de Hinata se detuvo.

"Si no me dices que pare ahora..."

Hinata se mordió el labio inferior. Sabía a dónde iba esto y, aunque no estaba totalmente en contra, tuvo la sensación de que no era el momento ni el lugar correctos.

Además, ella sospecha que Kakashi tomaría la completa culpa por la mañana.

Solo había muchas cosas a considerar, como si no puede volver a casa esta noche y alguien descubriera que no estaba dentro de su habitación, todo el clan Hyuga seguramente vendrá a buscarla. Y, por supuesto, solo un uso de Byakugan y sabrían que ella estaba dentro del departamento de Kakashi.

Es demasiado riesgo.

Hinata ni siquiera puede imaginar los problemas que seguirían después de eso. Entonces, con un suspiro, separó los labios. "Detente."

La mano de Kakashi se congeló cuando la comprensión llenó sus ojos. Sin decir una palabra, dejó ir la cremallera de su chaqueta y luego se sentó. Con un gemido bajo, se recostó en el costado de su sofá. "Bien." Su voz sonaba como si tuviera dolor y Hinata no puede evitar sentirse culpable. "Voy a parar hime."

"Lo siento."

"Ah... yo también."

"Por favor, no te enfades conmigo."

Él inclinó la cabeza hacia un lado y la vio regresar a su posición sentada. Con una sonrisa, sacudió la cabeza mientras su mano le hacía un gesto para que se acercara. Ella obedeció y se arrastró junto a él, donde él la rodeó con un brazo y dejó que su cabeza descansara sobre su pecho. "No te arrepientas. Estoy orgulloso de ti."

"No es como si no quisiera hacerlo p-pero-"

"Lo sé."

"K-kakashi..."

El hombre se rió y besó su frente. "Mi Hime está preoc upada... no hay necesidad de eso." Con una mirada a su reloj de pared, suspiró. "Solo dame unos minutos para enfriarme... y te acompañaré al complejo Hyuga para poder cubrirte de los ojos no deseados."

"H-hai... eso sería bueno." Hinata estuvo de acuerdo. "Pero antes de eso. ¿Podrías decirme de dónde sacaste esa marca de mordisco en el pecho?" Tocó la marca con sus dedos. "Realmente me molesta..."

"¿Oh esto?" Kakashi señaló el moretón. "Ah... ¿es realmente una marca de mordisco? No puedo decirlo...

wow, tus ojos realmente son impresionantes para detectar marcas insignificantes como estas."

Hinata frunció el ceño, preguntándose por qué estaba alargando la conversación cuando todo lo que debía hacer era responder a lo que ella preguntaba. Además, esta no era una marca insignificante: "Tú ... estás tratando de alejarme del tema." Ella dijo con un ligero puchero. "¿Estás escondiendo algo?"

"Ah... no."

"Bueno."

"Obtuve esto de una misión." Kakashi miró hacia otro lado. "Tuve que obtener algún tipo de información de una mujer que era muy... muy... eh ... ¿cómo debería decir esto?" Hizo un acto de mirar al techo. "Muy... agresiva. Me mordió cuando ah... pensó que no tenía escapatoria."

Las cejas de Hinata se fruncieron. "T-tuviste..."

"Hey... por supuesto que no." Kakashi sacudió la cabeza. "Nunca haría eso, especialmente cuando estoy en una relación ahora." Él le dio un apretón tranquilizador. "No vayas a pensar cosas así. Es solo que las cosas se salieron un poco de control en la misión y una cosa llevó a la otra. Pero no... nunca podrían obligarme a hacer algo así."

"¿E-enserio?"

"Sí. Además, ahora me posees, Hime, y si alguna vez voy a hacerlo... es solo contigo."

Yamanaka Ino frunció el ceño mientras observaba al resto del equipo ocho mientras compartían algunas conversaciones debajo de un árbol gigante, refugiándose bajo su sombra como refugiados temporales del calor abrasador del sol. Su equipo, el equipo Asuma, estaba a solo unos metros de distancia, también descansando bajo la sombra después del entrenamiento.

Un entrenamiento muy duro y agotador.

Bueno, la mayoría de los equipos que no estaban en misiones estaban haciendo mucho tiempo para entrenar en los últimos días. Los campos de entrenamiento estaban todos ocupados. Fue porque la Hokage iba a promover nuevos equipos de Anbu y todos querían estar en su mejor momento y ser notados. Ser promovido a Anbu es una gran cosa. Es un nivel completamente nuevo en comparación con Jounins, no es que los ninjas de rango de Jounin no fueran fuertes... porque lo son. Ella conocía a muchos Jounins que eran tan peligrosos como cualquier Anbu. Algunos ejemplos son Genma Shiranui y Hatake Kakashi. También estaban Asuma Sarutobi y Kuranai Yuhi. Son un grupo muy peligroso y también son Jounins.

Anbu es simplemente más admirado y adorado debido a las misiones de clase S y todas esas cosas misteriosas como identidades ocultas y máscaras de Anbu.

En pocas palabras, Anbu es como el epítome de la frialdad en el mundo Shinobi...

"Sabes... realmente creo que Shino va a llegar a Anbu." Ino declaró mientras apoyaba su cabeza sobre los grandes hombros de Choji. Estar con un Akamichi en un equipo es como tener una almohada gigante personal. "Y Neji..."

Shikamaru, que yacía de espaldas sobre la hierba con el brazo derecho colgando sobre los ojos, sonrió. "Por supuesto. Sería problemático si no lo hicieran."

"Y realmente creo que podrías ser material de Anbu también Shika."

"Anbu es demasiado trabajo."

"Pero eres demasiado flojo para el trabajo, así que mejor mete tu flojo culo en el rango de Jounin." Ino continuó con ligera irritación. Shikamaru tiene el potencial, pero el joven es demasiado vago como para hacer algo que valiera la pena. El Nara es uno de los mejores, y a ella no le gusta que él no estuviera viviendo a su máximo potencial. Con un suspiro, Ino inclinó la cabeza hacia un lado y miró al equipo ocho. Hinata estaba sonriendo mientras escuchaba a Kiba. El chico perro estaba haciendo gestos con las manos mientras hablaba.

El Aburame esta sentado al lado de la Hyuga, observador como siempre.

"Hey..." Ino frunció el ceño. "Ahora que lo pienso, hay algo diferente sobre Hinata-chan en estos últimos días."

"Ella siempre es diferente al resto de nosotros." Choji dijo pero sonó como un gruñido. Su boca estaba llena de papas fritas que salían de la lámina de plástico en su regazo. Tomando otro puñado, le ofreció un poco a la rubia, pero fue rechazado con un leve movimiento de su mano. Ino siempre es quisquillosa y odia la comida chatarra más que nada. "Hinata-chan ve las cosas de manera más diferente en comparación con los demás. Ella tiene el don de ver más allá del ser interior de una persona... y no solo estoy hablando de su límite de línea de sangre."

"Por supuesto que lo sé. Ella era la única a la que le gustaba Naruto cuando todavía lo consideraban una plaga del pueblo." Dijo Ino. "Pero lo que quiero decir es completamente diferente."

"¿Entonces que?"

"Hinata tiene este tipo de brillo... su sonrisa también es diferente. Más amplia y grande, no su habitual forma reservada." Los delgados dedos de Ino encontraron su barbilla y se la frotó contemplativamente. "Ella también se está riendo mucho, ¡oh, Dios mío!" Ino jadeó de repente y ambos ojos de sus compañeros masculinos se movieron bruscamente en su dirección. "¿Por qué no lo he visto antes?"

"¿Visto qué?" Shikamaru preguntó, curioso.

"¡Hinata-chan está enamorada!" Ino declaró y levantó las manos. "Ese brillo y esa sonrisa... solo podría significar una cosa." Ella llevó sus manos a su regazo con fuerza, queriendo indicar cuán segura está de sus palabras. "Amor... solo significa amor."

Shikamaru suspiró y volvió a cubrirse los ojos con el brazo. "Problematico."

"¿Hinata-chan está enamorada de quién?" Preguntó Chouji. "Pensé que le gustaba Naruto."

"Eso está en el pasado. Naruto no merece a Hinata." Ino dijo simplemente y se encogió de hombros. "Tal vez Kiba o Shino. Siempre hay un alto porcentaje de compañeros de equipo que se enamoran el uno del otro. Aunque estoy poniendo mi dinero en el Aburame... ambos son tipos silenciosos y Shino es siempre este amigo sobre-protector que cortaría a cualquiera que intente dañar a Hinata."

"Oh..." Choji de repente parecía pensativo mientras los labios de Shikamaru se estiraban en una delgada línea. "Quieres decir que también existe la posibilidad de que..." Él la señaló con el dedo y luego a sí mismo. Después de eso, la señaló de nuevo y a Shikamaru. "Podría haber una posibilidad de que uno de nosotros termine con... ¿Contigo?"

Shikamaru tosió.

Ino parpadeó. "Quiero decir, no todos. Solo para algun os..."

Choji la miró sospechosamente. Es raro ver a Ino sonro jarse... y en este momento, ella se sonrojo mientras sus ojos se dirigían al perezoso Nara. Agarrando un puñado de papas fritas, las arrojó a su boca y masticó. "Bien."

Ino miró hacia otro lado en un intento de ocultar su cara roja. Luego se cruzó de brazos y resopló. "Ahora que lo recuerdo... tengo que practicar mi nueva técnica de transferencia mental y sería muy útil si todos terminamos esta conversación ahora y nos quedamos callados."

"Bueno." Choji asintió con la cabeza. Ino era peligroso cuando lo provocaban y no quiere eso. "Me callare"

"Hn." Los labios de Shikamaru se torcieron a los lados.

Quitando sus largos mechones de sus ojos, Ino resopló y luego cerró los ojos. Estaba cansada y su técnica no es perfecta, pero es lo mejor que se le ocurría antes de avergonzarse aún más. Haría cualquier cosa para ocultar sus sentimientos con el perezoso Nara y moriría antes de que él se diera cuenta.

Es una mujer orgullosa después de todo... y no estaba en su lista parecer una pobre compañera de equipo desatendida mientras Shikamaru continúa su pequeño romance con esa ninja de la arena malhumorada. Realmente es irónico ser una de las que tiene más propuestas de noviazgo en el pueblo, pero ni siquiera pudo pasar la primera base con su compañero de equipo durante más de ocho años.

Shikamaru es un genio... pero es tan estúpido como Naruto cuando se trata de sentimientos. Entonces, ¿era eso lo que Hinata sintió en ese entonces? ¿Ver a Naruto siempre haciendo todo lo posible para que Sakura se dé cuenta mientras la dejaban salir?

"Enfocate, Ino" Ino murmuró y entrelazó sus dedos para crear sellos manuales. El propósito de su técnica es robar recuerdos y leer las mentes de personas de lejos sin que ellos lo supieran y sin que ella se moviera de su lugar. Es completamente diferente de sus técnicas habituales de comunicación y manipulación mental, ya que requiere un gran control y fuerza.

Su padre la ayudó a aprender dicho jutsu, pero ella todavía carecía de control y práctica de chakra.

Lentamente, Ino sintió que su mente se alejaba de la realidad y se internaba en el espacio oscuro que le servía como terreno firme mientras dejaba que su mente recorriera el lugar, buscando algo en lo que valiera la pena indagar. Realmente no quiere profundizar en las mentes de las personas en este momento porque todos merecen su privacidad, pero en el fondo, sabe que su técnica aún no es perfecta y que nunca había tenido éxito en sus intentos anteriores, por lo que una parte de ella espera que Esta vez no sea diferente.

Así que todo estaba bien y seguro... supongo.

En ese espacio oscuro y vacío en el que estaba Ino en ese momento, ella eligió su objetivo de las firmas de chakra a su alrededor. Estaba el chakra azulado de Choji y el negro de Shikamaru. A pocos metros de distancia, podía sentir la firma azul claro de Hinata y la del Aburame. Shino también es azul con puntos marrones, probablemente por sus insectos. El de Kiba es rojo claro.

Ino eligió a la Hyuga.

Cuando alcanzó la mente de Hinata, esperaba no ver y sentir nada. Su padre dijo que podría llevarle meses tener éxito y ella solo ha estado practicando esta técnica durante solo dos semanas, por lo que fue una gran sorpresa cuando de la nada, una tormenta de recuerdos surgió en su mente y la hizo sentir mareada.

Soltando ese contacto invisible, jadeó cuando abrió los ojos.

"Oye." Dijo Choji y le tocó el brazo. Él asumió que ella falló nuevamente. "No te esfuerces demasiado. Solo practica y lo entenderás."

"¿Alguna mejora?" Shikamaru preguntó.

Ino negó con la cabeza, todavía jadeando. Lentamente, sus ojos se movieron para mirar a la Hyuga que parece ajena a su intrusión. Hinata seguía sonriendo. "No ... fallé." Había un recuerdo en particular que sabía que estaría atrapado dentro de su cabeza para siempre. Vio un vistazo de la infancia de Hinata y las fotos de su vida como Kunoichi, pero ese recuerdo era diferente, y por un momento, Ino no estaba segura de si realmente sucedió.

"Problemático." El Nara murmuró.

Ino estuvo de acuerdo. "Sí... muy problemático."

Ese destello de memoria es sobre Hinata y Hatake Kakashi besándose.

Milton Keynes UK
Ingram Content Group UK Ltd.
UKHW020905201123
432908UK00020B/3111

9 798868 986062